英検® 過去問題集 2021年度 4級

Gakken

別冊試験問題

推奨
日本英語検定協会
英検

本冊と軽くのりづけされていますので,ゆっくりと取り外して使いましょう。

20■ 年度・第■回　　4級　解答用紙

注意事項
① 解答にはHBの黒鉛筆（シャープペンシルも可）を使用し、解答を訂正する場合には消しゴムで完全に消してください。
② 解答用紙は絶対に汚したり折り曲げたり、所定以外のところへの記入はしないでください。

解答欄

問題番号	1 2 3 4
(1)	① ② ③ ④
(2)	① ② ③ ④
(3)	① ② ③ ④
(4)	① ② ③ ④
(5)	① ② ③ ④
(6)	① ② ③ ④
(7)	① ② ③ ④
(8)	① ② ③ ④
(9)	① ② ③ ④
(10)	① ② ③ ④
(11)	① ② ③ ④
(12)	① ② ③ ④
(13)	① ② ③ ④
(14)	① ② ③ ④
(15)	① ② ③ ④

（欄全体の番号：1）

解答欄

問題番号	1 2 3 4
(16)	① ② ③ ④
(17)	① ② ③ ④
(18)	① ② ③ ④
(19)	① ② ③ ④
(20)	① ② ③ ④

（欄全体の番号：2）

解答欄

問題番号	1 2 3 4
(21)	① ② ③ ④
(22)	① ② ③ ④
(23)	① ② ③ ④
(24)	① ② ③ ④
(25)	① ② ③ ④

（欄全体の番号：3）

解答欄

問題番号	1 2 3 4
(26)	① ② ③ ④
(27)	① ② ③ ④
(28)	① ② ③ ④
(29)	① ② ③ ④
(30)	① ② ③ ④
(31)	① ② ③ ④
(32)	① ② ③ ④
(33)	① ② ③ ④
(34)	① ② ③ ④
(35)	① ② ③ ④

（欄全体の番号：4）

リスニング解答欄

問題番号	1 2 3 4
No.1	① ② ③
No.2	① ② ③
No.3	① ② ③
No.4	① ② ③
No.5	① ② ③
No.6	① ② ③
No.7	① ② ③
No.8	① ② ③
No.9	① ② ③
No.10	① ② ③
No.11	① ② ③ ④
No.12	① ② ③ ④
No.13	① ② ③ ④
No.14	① ② ③ ④
No.15	① ② ③ ④
No.16	① ② ③ ④
No.17	① ② ③ ④
No.18	① ② ③ ④
No.19	① ② ③ ④
No.20	① ② ③ ④
No.21	① ② ③ ④
No.22	① ② ③ ④
No.23	① ② ③ ④
No.24	① ② ③ ④
No.25	① ② ③ ④
No.26	① ② ③ ④
No.27	① ② ③ ④
No.28	① ② ③ ④
No.29	① ② ③ ④
No.30	① ② ③ ④

第1部：No.1〜No.10
第2部：No.11〜No.20
第3部：No.21〜No.30

20◼ 年度・第◼回　　4級　解答用紙

注意事項
① 解答にはHBの黒鉛筆（シャープペンシルも可）を使用し，解答を訂正する場合には消しゴムで完全に消してください。
② 解答用紙は絶対に汚したり折り曲げたり，所定以外のところへの記入はしないでください。

解　答　欄

問題番号	1 2 3 4
(1)	① ② ③ ④
(2)	① ② ③ ④
(3)	① ② ③ ④
(4)	① ② ③ ④
(5)	① ② ③ ④
(6)	① ② ③ ④
(7)	① ② ③ ④
(8)	① ② ③ ④
(9)	① ② ③ ④
(10)	① ② ③ ④
(11)	① ② ③ ④
(12)	① ② ③ ④
(13)	① ② ③ ④
(14)	① ② ③ ④
(15)	① ② ③ ④

（**1**）

解　答　欄

問題番号	1 2 3 4
(16)	① ② ③ ④
(17)	① ② ③ ④
(18)	① ② ③ ④
(19)	① ② ③ ④
(20)	① ② ③ ④

（**2**）

解　答　欄

問題番号	1 2 3 4
(21)	① ② ③ ④
(22)	① ② ③ ④
(23)	① ② ③ ④
(24)	① ② ③ ④
(25)	① ② ③ ④

（**3**）

解　答　欄

問題番号	1 2 3 4
(26)	① ② ③ ④
(27)	① ② ③ ④
(28)	① ② ③ ④
(29)	① ② ③ ④
(30)	① ② ③ ④
(31)	① ② ③ ④
(32)	① ② ③ ④
(33)	① ② ③ ④
(34)	① ② ③ ④
(35)	① ② ③ ④

（**4**）

リスニング解答欄

問題番号	1 2 3 4
例題	① ② ●
No.1	① ② ③
No.2	① ② ③
No.3	① ② ③
No.4	① ② ③
No.5	① ② ③
No.6	① ② ③
No.7	① ② ③
No.8	① ② ③
No.9	① ② ③
No.10	① ② ③
No.11	① ② ③ ④
No.12	① ② ③ ④
No.13	① ② ③ ④
No.14	① ② ③ ④
No.15	① ② ③ ④
No.16	① ② ③ ④
No.17	① ② ③ ④
No.18	① ② ③ ④
No.19	① ② ③ ④
No.20	① ② ③ ④
No.21	① ② ③ ④
No.22	① ② ③ ④
No.23	① ② ③ ④
No.24	① ② ③ ④
No.25	① ② ③ ④
No.26	① ② ③ ④
No.27	① ② ③ ④
No.28	① ② ③ ④
No.29	① ② ③ ④
No.30	① ② ③ ④

第1部：No.1〜No.10
第2部：No.11〜No.20
第3部：No.21〜No.30

20■年度・第■回　　4級　解答用紙

注意事項

① 解答にはHBの黒鉛筆（シャープペンシルも可）を使用し，解答を訂正する場合には消しゴムで完全に消してください。

② 解答用紙は絶対に汚したり折り曲げたり，所定以外のところへの記入はしないでください。

解 答 欄

問題番号	1 2 3 4
1	(1) ① ② ③ ④
	(2) ① ② ③ ④
	(3) ① ② ③ ④
	(4) ① ② ③ ④
	(5) ① ② ③ ④
	(6) ① ② ③ ④
	(7) ① ② ③ ④
	(8) ① ② ③ ④
	(9) ① ② ③ ④
	(10) ① ② ③ ④
	(11) ① ② ③ ④
	(12) ① ② ③ ④
	(13) ① ② ③ ④
	(14) ① ② ③ ④
	(15) ① ② ③ ④

解 答 欄

問題番号	1 2 3 4
2	(16) ① ② ③ ④
	(17) ① ② ③ ④
	(18) ① ② ③ ④
	(19) ① ② ③ ④
	(20) ① ② ③ ④

解 答 欄

問題番号	1 2 3 4
3	(21) ① ② ③ ④
	(22) ① ② ③ ④
	(23) ① ② ③ ④
	(24) ① ② ③ ④
	(25) ① ② ③ ④

解 答 欄

問題番号	1 2 3 4
4	(26) ① ② ③ ④
	(27) ① ② ③ ④
	(28) ① ② ③ ④
	(29) ① ② ③ ④
	(30) ① ② ③ ④
	(31) ① ② ③ ④
	(32) ① ② ③ ④
	(33) ① ② ③ ④
	(34) ① ② ③ ④
	(35) ① ② ③ ④

リスニング解答欄

問題番号	1 2 3 4
第1部	No.1 ① ② ③
	No.2 ① ② ③
	No.3 ① ② ③
	No.4 ① ② ③
	No.5 ① ② ③
	No.6 ① ② ③
	No.7 ① ② ③
	No.8 ① ② ③
	No.9 ① ② ③
	No.10 ① ② ③
第2部	No.11 ① ② ③ ④
	No.12 ① ② ③ ④
	No.13 ① ② ③ ④
	No.14 ① ② ③ ④
	No.15 ① ② ③ ④
	No.16 ① ② ③ ④
	No.17 ① ② ③ ④
	No.18 ① ② ③ ④
	No.19 ① ② ③ ④
	No.20 ① ② ③ ④
第3部	No.21 ① ② ③ ④
	No.22 ① ② ③ ④
	No.23 ① ② ③ ④
	No.24 ① ② ③ ④
	No.25 ① ② ③ ④
	No.26 ① ② ③ ④
	No.27 ① ② ③ ④
	No.28 ① ② ③ ④
	No.29 ① ② ③ ④
	No.30 ① ② ③ ④

20■ 年度・第■回 　4級　解答用紙

注意事項

① 解答にはHBの黒鉛筆（シャープペンシルも可）を使用し，解答を訂正する場合には消しゴムで完全に消してください。

② 解答用紙は絶対に汚したり折り曲げたり，所定以外のところへの記入はしないでください。

解答欄

問題番号	1 2 3 4
1	
(1)	① ② ③ ④
(2)	① ② ③ ④
(3)	① ② ③ ④
(4)	① ② ③ ④
(5)	① ② ③ ④
(6)	① ② ③ ④
(7)	① ② ③ ④
(8)	① ② ③ ④
(9)	① ② ③ ④
(10)	① ② ③ ④
(11)	① ② ③ ④
(12)	① ② ③ ④
(13)	① ② ③ ④
(14)	① ② ③ ④
(15)	① ② ③ ④

解答欄

問題番号	1 2 3 4
2	
(16)	① ② ③ ④
(17)	① ② ③ ④
(18)	① ② ③ ④
(19)	① ② ③ ④
(20)	① ② ③ ④

解答欄

問題番号	1 2 3 4
3	
(21)	① ② ③ ④
(22)	① ② ③ ④
(23)	① ② ③ ④
(24)	① ② ③ ④
(25)	① ② ③ ④

解答欄

問題番号	1 2 3 4
4	
(26)	① ② ③ ④
(27)	① ② ③ ④
(28)	① ② ③ ④
(29)	① ② ③ ④
(30)	① ② ③ ④
(31)	① ② ③ ④
(32)	① ② ③ ④
(33)	① ② ③ ④
(34)	① ② ③ ④
(35)	① ② ③ ④

リスニング解答欄

問題番号	1 2 3 4
第1部	
No.1	① ② ③
No.2	① ② ③
No.3	① ② ③
No.4	① ② ③
No.5	① ② ③
No.6	① ② ③
No.7	① ② ③
No.8	① ② ③
No.9	① ② ③
No.10	① ② ③
第2部	
No.11	① ② ③ ④
No.12	① ② ③ ④
No.13	① ② ③ ④
No.14	① ② ③ ④
No.15	① ② ③ ④
No.16	① ② ③ ④
No.17	① ② ③ ④
No.18	① ② ③ ④
No.19	① ② ③ ④
No.20	① ② ③ ④
第3部	
No.21	① ② ③ ④
No.22	① ② ③ ④
No.23	① ② ③ ④
No.24	① ② ③ ④
No.25	① ② ③ ④
No.26	① ② ③ ④
No.27	① ② ③ ④
No.28	① ② ③ ④
No.29	① ② ③ ④
No.30	① ② ③ ④

20■ 年度・第■回　　4級　解答用紙

注意事項

① 解答にはHBの黒鉛筆（シャープペンシルも可）を使用し, 解答を訂正する場合には消しゴムで完全に消してください。

② 解答用紙は絶対に汚したり折り曲げたり, 所定以外のところへの記入はしないでください。

解答欄

問題番号		1 2 3 4
1	(1)	① ② ③ ④
	(2)	① ② ③ ④
	(3)	① ② ③ ④
	(4)	① ② ③ ④
	(5)	① ② ③ ④
	(6)	① ② ③ ④
	(7)	① ② ③ ④
	(8)	① ② ③ ④
	(9)	① ② ③ ④
	(10)	① ② ③ ④
	(11)	① ② ③ ④
	(12)	① ② ③ ④
	(13)	① ② ③ ④
	(14)	① ② ③ ④
	(15)	① ② ③ ④

解答欄

問題番号		1 2 3 4
2	(16)	① ② ③ ④
	(17)	① ② ③ ④
	(18)	① ② ③ ④
	(19)	① ② ③ ④
	(20)	① ② ③ ④

解答欄

問題番号		1 2 3 4
3	(21)	① ② ③ ④
	(22)	① ② ③ ④
	(23)	① ② ③ ④
	(24)	① ② ③ ④
	(25)	① ② ③ ④

解答欄

問題番号		1 2 3 4
4	(26)	① ② ③ ④
	(27)	① ② ③ ④
	(28)	① ② ③ ④
	(29)	① ② ③ ④
	(30)	① ② ③ ④
	(31)	① ② ③ ④
	(32)	① ② ③ ④
	(33)	① ② ③ ④
	(34)	① ② ③ ④
	(35)	① ② ③ ④

リスニング解答欄

	問題番号	1 2 3 4
第1部	No.1	① ② ③
	No.2	① ② ③
	No.3	① ② ③
	No.4	① ② ③
	No.5	① ② ③
	No.6	① ② ③
	No.7	① ② ③
	No.8	① ② ③
	No.9	① ② ③
	No.10	① ② ③
第2部	No.11	① ② ③ ④
	No.12	① ② ③ ④
	No.13	① ② ③ ④
	No.14	① ② ③ ④
	No.15	① ② ③ ④
	No.16	① ② ③ ④
	No.17	① ② ③ ④
	No.18	① ② ③ ④
	No.19	① ② ③ ④
	No.20	① ② ③ ④
第3部	No.21	① ② ③ ④
	No.22	① ② ③ ④
	No.23	① ② ③ ④
	No.24	① ② ③ ④
	No.25	① ② ③ ④
	No.26	① ② ③ ④
	No.27	① ② ③ ④
	No.28	① ② ③ ④
	No.29	① ② ③ ④
	No.30	① ② ③ ④

合格力チェックテスト　4級　解答用紙

注意事項

① 解答にはHBの黒鉛筆（シャープペンシルも可）を使用し，解答を訂正する場合には消しゴムで完全に消してください。

② 解答用紙は絶対に汚したり折り曲げたり，所定以外のところへの記入はしないでください。

解答欄

問題番号	1 2 3 4
(1)	① ② ③ ④
(2)	① ② ③ ④
(3)	① ② ③ ④
(4)	① ② ③ ④
(5)	① ② ③ ④
(6)	① ② ③ ④
(7)	① ② ③ ④
(8)	① ② ③ ④
(9)	① ② ③ ④
(10)	① ② ③ ④
(11)	① ② ③ ④
(12)	① ② ③ ④
(13)	① ② ③ ④
(14)	① ② ③ ④
(15)	① ② ③ ④

（大問番号 1）

解答欄

問題番号	1 2 3 4
(16)	① ② ③ ④
(17)	① ② ③ ④
(18)	① ② ③ ④
(19)	① ② ③ ④
(20)	① ② ③ ④

（大問番号 2）

解答欄

問題番号	1 2 3 4
(21)	① ② ③ ④
(22)	① ② ③ ④
(23)	① ② ③ ④
(24)	① ② ③ ④
(25)	① ② ③ ④

（大問番号 3）

解答欄

問題番号	1 2 3 4
(26)	① ② ③ ④
(27)	① ② ③ ④
(28)	① ② ③ ④
(29)	① ② ③ ④
(30)	① ② ③ ④
(31)	① ② ③ ④
(32)	① ② ③ ④
(33)	① ② ③ ④
(34)	① ② ③ ④
(35)	① ② ③ ④

（大問番号 4）

▶採点後，大問ごとに正解した問題数の合計を，下の表に記入しよう。記入が終わったら本冊p.154の分析ページでチャートを作ろう。

リスニング解答欄

問題番号	1 2 3 4
第1部	
No.1	① ② ③
No.2	① ② ③
No.3	① ② ③
No.4	① ② ③
No.5	① ② ③
No.6	① ② ③
No.7	① ② ③
No.8	① ② ③
No.9	① ② ③
No.10	① ② ③
第2部	
No.11	① ② ③ ④
No.12	① ② ③ ④
No.13	① ② ③ ④
No.14	① ② ③ ④
No.15	① ② ③ ④
No.16	① ② ③ ④
No.17	① ② ③ ④
No.18	① ② ③ ④
No.19	① ② ③ ④
No.20	① ② ③ ④
第3部	
No.21	① ② ③ ④
No.22	① ② ③ ④
No.23	① ② ③ ④
No.24	① ② ③ ④
No.25	① ② ③ ④
No.26	① ② ③ ④
No.27	① ② ③ ④
No.28	① ② ③ ④
No.29	① ② ③ ④
No.30	① ② ③ ④

得点記入欄

筆記

1	/15点	2	/5点	3	/5点	4	/10点

リスニング

第1部＋第2部＋第3部	/30点

英検® 過去問題集 2021年度 4級

Gakken

もくじ

- この本の特長と使い方 — p.002
- これだけはおさえておきたい！ 受験パーフェクトガイド — p.004
- 出題内容徹底チェック! — p.006
- 当日の準備と流れを確認しよう! — p.009
- スマホ用音声アプリについて・パソコン用MP3音声について — p.012

- 2020年度第1回 — p.013
- 2020年度第2回 — p.031
- 2019年度第1回 — p.049
- 2019年度第2回 — p.067
- 2019年度第3回 — p.085
- 合格力チェックテスト — p.103
- スピーキングテストってどんなことをするの? — p.120

英検®は，公益財団法人 日本英語検定協会の登録商標です。

「日本英語検定協会推奨」とは、皆様に適切なものを安心してご選択いただけるよう、「英検®ブランド第三者審議委員会」の審査を通過した商品・サービスに限り、公益財団法人 日本英語検定協会がその使用を認めたものです。なお、「日本英語検定協会推奨」は、商品・サービスの使用により英検®の合格や英検CSEスコアアップを保証するものではありません。

この本の特長と使い方

● 英検を受けるキミへ

この本は，過去に出題された英検の問題と，その問題の中で自分の弱点がどの部分かを確認できる「合格力チェックテスト」を収録した問題集です。読解やリスニングなど，さまざまな対策が求められる「英検（実用英語技能検定）」。この本をどう使えば英検合格に近づくかを紹介します！

過去問＆合格力チェックテストで弱点をなくせ！

本番のテストで勉強して実力アップ！ 過去問題5回

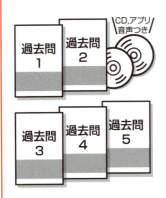

まずは英検の過去問題を解いてみましょう！
出題された単語や表現で勉強できるので，
自分の実力を知るいちばんの近道です。
この本では，過去5回分の試験問題を掲載！
リスニング問題をすべて収録したCDとアプリ音声がついているので，この問題集1冊で試験対策ができます。
※アプリ音声については，当冊子12ページをご覧ください。
※MP3形式のダウンロード音声にも対応しています。

たくさん問題を解いて，
受験級の問題になれよう！

英検ガイド猫
マスター・ニャンコ

＋

弱点を知って実力アップ！ 合格力チェックテスト1回

次に，英検で出た単語や表現で構成され，大問ごとに自分の実力がわかる「合格力チェックテスト」を解きましょう。分析ページには，苦手な大問を克服するためのアドバイスが書かれています。これを参考にしながら，本番に向け，さらに勉強を進めましょう。

合格診断チャートの使い方については右のページをチェック！

002

合格診断チャートはこう使う！

自分の弱点がわかる「合格力チェックテスト」の結果を分析するのが"合格診断チャート"です。ここでは，合格診断チャートの使い方を解説します。

1 合格力チェックテストを解く

▲問題は，英検によく出る単語や表現で構成されている実戦的な内容です。

2 答え合わせをする

▲筆記テストの正解数，リスニングテストの正解数をそれぞれ数えましょう。

3 診断チャートに正解数を書きこむ

▲「解答と解説」154ページのチャートに正解数を書きこみます。

● 合格診断チャートで自分の実力をチェック！

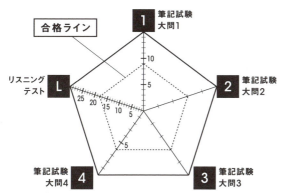

得点を合格診断チャートに記入し，その点を線で結びます。合格の目安になる合格ライン以下の大問は対策が必要。合格診断チャートの下にある「分野別弱点克服の方法」を読んで，本番までにニガテを克服しましょう。

点数が低い分野の対策をすれば，効率よく得点アップが狙えるよ

これだけはおさえておきたい！
受験パーフェクトガイド

英検は，文部科学省後援の検定として人気があり，入試などでも評価されています。ここでは，英検4級を受験する人のために，申し込み方法や試験の行われ方などをくわしく紹介します。

4級の試験はこう行われる！

● 一次試験は筆記とリスニング

4級の一次試験は**筆記35分**，リスニングテスト**約30分**の合計約65分。筆記試験もリスニングテストも，解答はすべてマークシート方式です。

● 自宅の近くや学校で受けられる

一次試験は，全国の多くの都市で実施されています。だいたいは，自宅の近くの会場や，自分の通う学校などで受けられます。

● 試験は年3回行われる

一次試験は，**6月**（第1回）・**10月**（第2回）・**1月**（第3回）の年3回行われます。願書の締め切りは，試験日のおよそ1か月前です。

● スピーキングテストについて

一次試験の合否にかかわらず，4級の受験申し込み者全員が受験できます。合否結果が記載された成績表に英検IDとパスワードが記載されているので，自宅や学校などのネット環境の整ったパソコンなどから専用サイトにアクセスして受験します。（くわしくは当冊子11ページ参照）

試験の申し込み方法は？

● 団体申し込みと個人申し込みがある

英検の申し込み方法は，学校や塾の先生を通じてまとめて申し込んでもらう**団体申し込み**と，自分で書店などに行って手続きする**個人申し込み**の2通りがあります。小・中学生の場合は，団体申し込みをして，自分の通う学校や塾などで受験することが多いです。

● まず先生に聞いてみよう

小・中学生の場合は，自分の通っている学校を通じて団体申し込みをする場合が多いので，まずは英語の先生に聞いてみましょう。

団体本会場（公開会場）申し込みの場合は，先生から願書（申し込み用紙）を入手します。必要事項を記入した願書と検定料は，先生を通じて送ってもらいます。試験日程や試験会場なども英検担当の先生の指示に従いましょう。

＊自分の通う学校や塾などで受験する「準会場受験」の場合，申し込みの際の願書は不要です。

● 個人で申し込む場合は書店・コンビニ・ネットで

個人で受験する場合は，次のいずれかの方法で申し込みます。

▶ 書店
英検特約書店（受付期間中に英検のポスターを掲示しています）に検定料を払い込み，「書店払込証書」と「願書」を英検協会へ郵送する。

▶ コンビニエンスストア
店内の情報端末機から直接申し込む。（くわしくは英検のウェブサイトをご覧ください。）

▶ インターネット
英検のウェブサイト（https://www.eiken.or.jp/）から申し込む。

申し込みなどに関するお問い合わせは，英検を実施している
公益財団法人 日本英語検定協会まで。
- **英検ウェブサイト**　　　https://www.eiken.or.jp/
- **英検サービスセンター**　☎03-3266-8311

＊英検ウェブサイトでは，試験に関する情報・優遇校一覧などを公開しています。

出題内容徹底チェック！

英検4級の一次試験は，筆記試験とリスニングテストに分けられ，すべてマークシートで解答します。英検4級では家族，学校，趣味，スポーツ，買い物など，身近な話題が出題されます。ここでは筆記試験とリスニングテストについてくわしく解説します。

筆記試験 [35問・35分]

大問 1 短文の穴うめ問題 [15問]

短い文や会話文を読んで，(　)に適する語句を選ぶ問題です。おもに語い力と文法の知識が問われます。

(1) A : Frank, how many rooms are there in your (　　)?
　　B : Four. A bedroom, a living room, a kitchen, and a bathroom.
　　1　school　　2　apartment　3　stadium　　4　airport

(2) A : Hi, Cathy. Can I help you?
　　B : Yes, Ms. Williams. I want to (　　) you some questions.
　　1　draw　　2　ask　　3　begin　　4　drive

大問 2 会話文の穴うめ問題 [5問]

会話文を読んで，(　)に適する文や語句を選ぶ問題です。会話の流れを読み取る力と，会話表現の知識が問われます。

(16) Woman 1 : I went to the Italian restaurant by Lake Bryson last weekend.
　　 Woman 2 : (　　)
　　 Woman 1 : It was wonderful. I loved the food.
　　 1　How much was it?　　2　Where did you go?
　　 3　Who were you with?　　4　How was it?

大問 3 語句の並べかえ問題 [5問]

日本語の文を読み，その意味に合うように，英語の語句を並べかえて英文を作る問題です。

大問 4　長文問題　[10問]

長文を読んで、その内容についての質問に対する答えを選ぶ問題。読解力が問われます。A, B, Cの3つの形式があります。

A：「掲示・お知らせ」の短い文章（2問）
B：「Eメール・手紙」のやり取り（3問）
C：まとまった量の説明文（5問）

> **Autumn Sale**
>
> Theo's Bakery will have an autumn sale from September 23 to October 7.
>
> All sandwiches will be 20% off.
> One bag of cookies will be $4.
> The first 30 people each day will get a free drink.
>
> Store hours during the sale will be from 8 a.m. to 6 p.m.
>
> The store will be closed on October 1.

(29)　When will the sale end?
1　On September 20.
2　On September 23.
3　On October 1.
4　On October 7.

リスニングテスト [30問・約30分]

第1部　会話の応答を選ぶ問題　[10問]

A→B→Aの短い会話を聞いて、それに対するBの応答として最も適するものを選ぶ問題です。問題用紙に印刷されているのはイラストだけで、応答の選択肢も放送で読まれます。（英文と選択肢はそれぞれ二度読まれます。）

No. 1　　　No. 2

第2部　会話の内容に関する質問に答える問題　[10問]

A→B→A→Bのやや長い会話と、その内容についての質問を聞いて、質問の答えを選ぶ問題です。問題用紙には選択肢の英文が印刷されています。（会話と質問はそれぞれ二度読まれます。）

No. 11	1 Blue.	2 Black.
	3 Red.	4 White.

No. 12	1 To the movies.
	2 To the park.
	3 To the boy's house.
	4 To the girl's house.

第3部　英文の内容に関する質問に答える問題　[10問]

やや長い英文と、その内容についての質問を聞いて、質問の答えを選ぶ問題です。問題用紙には選択肢の英文が印刷されています。（英文と質問はそれぞれ二度読まれます。）

No. 21	1 His trip.	2 His favorite toy.
	3 His job.	4 His father.

No. 22	1 The girl.	2 The girl's mother.
	3 The girl's sister.	4 The girl's brother.

4級攻略3大アドバイス！

最新の英語教育では「読む」「聞く」「書く」「話す」の"4技能"をバランスよく身につけることが重要とされていて，英検の試験でもこれらの能力が問われます。「筆記は得意だけど，リスニングが…」，「文法が苦手…」といった悩みを持つ人もいると思いますが，合格するにはこれらの能力をバランスよく身につけることが求められています。とはいえ4級では，問題の出題パターンがある程度決まっています。過去問題はこのパターンをつかむのに最適。何度も解いて出題パターンをつかみましょう。

1 会話特有の表現に注意！

4級はリスニング問題も含めると半分以上が会話の内容を問う問題です。その中には教科書では習わない単語・表現もあるでしょう。会話の穴うめや応答を選ぶ問題では，何を選べば自然な会話が成り立つかを考えて問題を解きましょう。

2 教科書に載っていない単語も出る！

4級の問題には，教科書に出てこない単語・熟語も多く出題されます。過去問に出てきた単語・熟語は覚えておくようにしましょう。本書の「解答と解説」のWORDS&PHRASES欄では，間違えやすい単語や問われやすい表現を取り上げています。わからない単語や表現は暗記してしまいましょう。

3 長文の出題形式は3パターン。型に慣れてしまおう。

筆記試験の大問4は長文問題です。見慣れない問題にとまどうかもしれませんが，実は問題ジャンルは掲示・案内，Eメール（手紙），説明文しかありません。英語のEメールや掲示には決まった形式があります。過去問を解くことで，これらの定型の表現に慣れておきましょう。

当日の準備と流れを確認しよう!

初めて英検を受けるという人の中には、試験がどんなふうに行われるのか不安に思っている人もいると思います。このページでは、試験当日の流れを順番に紹介します。これさえ読めばもう安心です!

● 当日の流れ

1 受付

▼ 当日は一次受験票または受験許可証を必ず持参しましょう。4級の場合は、受験票を持っていれば、受付での確認はしないので、そのまま教室へ向かいましょう。

2 教室へ移動

▼ 自分の受験する教室を確認し、着席します。受験番号によって教室がちがうので、よく確認すること。席に着いたら、受験票を机の上に出しておきましょう。また、携帯電話・スマートフォンの電源は切っておきましょう。

3 冊子の配布

▼ 問題冊子と解答用紙が配られます。受験者心得の放送にしたがって、解答用紙に必要事項を記入しましょう。

4 試験開始

▼ 試験監督の合図で筆記試験開始!
試験監督の指示にしたがい、落ち着いてのぞみましょう。

一次試験 持ち物チェックリスト

この本でしっかり勉強したら,あとは試験日を待つだけ。でも,当日重要な受験書類を忘れてしまっては,せっかくの努力が水の泡! そんな事態を避けるためにも,持ち物をチェックし,試験本番に備えましょう。

必ず持っていくもの

- ☐ 一次受験票
- ☐ HBの黒鉛筆やシャープペンシル(ボールペンは不可)
- ☐ 消しゴム
- ☐ 上ばき

※団体受験の場合は,受験票は手元にありませんので,先生の指示にしたがってください。
※筆記用具は念のため,何本か用意しておくと安心です。

必要に応じて用意するもの

- ☐ 腕時計(携帯電話・スマートフォンでの代用は不可)
- ☐ ハンカチ
- ☐ ティッシュ
- ☐ 防寒用の服
- ☐
- ☐
- ☐

そのほか,自分で必要だと思ったものを書いておこう

● その他の注意点!

試験が始まる前に,マークシート形式の解答用紙に氏名や個人番号などの必要事項を書きます。英検のウェブサイトで内容や書き方を確認しておくとよいでしょう。

スピーキングテストについて知っておこう!

4級では,筆記試験に加えて,スピーキングテストも受けられます。
テストは一次試験の合否に関係なく,申し込みをすれば全員が受験できます。

● 4級の合否は,一次試験の結果のみで決まる

4級の級認定は,一次試験(筆記・リスニングテスト)の結果のみで合否が判定されるので,スピーキングテストの結果は4級の合否とは関係ありません。

● いつでも,どこでも受験できる

スピーキングテストを受験するときは,自宅や学校のパソコンなどからインターネットのスピーキングテストのサイトにアクセスしましょう。自分の都合に合わせていつでも受験することができます。

● スピーキングテストの流れ

▶ **英文の黙読・音読**

▶ **質問に答える**
- 音読した英文の内容についての質問 [2問]
- イラストの内容についての質問 [1問]
- あなたに関する質問 [1問]

◎スピーキングテストのくわしい説明は当冊子120ページを見ましょう。

▶ 問題カードはイラストと,文章部分 passage(パッセージ)でできています。

次の英文の黙読と音読をしたあと,質問に答えなさい。

Mike's Favorite Thing

Mike is in the art club. He goes to the club every Thursday. He is good at painting pictures of flowers. Mike wants to study art in Italy someday.

Questions

No.1　Please look at the passage.
　　　When does Mike go to the art club?
No.2　Where does Mike want to go someday?
No.3　Please look at the picture. What is the girl doing?
No.4　Do you want to go to Italy?
　　　Yes.と答えた場合 → What do you want to do there?
　　　No.と答えた場合 → What country do you want to go to?

スマホ用音声アプリについて

この本のCD音声は、専用音声アプリでも聞くことができます。スマホやタブレット端末から、リスニングテストの音声を再生できます。アプリは、iOS, Android両対応です。

アプリのダウンロードと使い方

①サイトからアプリをダウンロードする
右の2次元コードを読み取るか、URLにアクセスして音声再生アプリ「my-oto-mo（マイオトモ）」をダウンロードしてください。

②アプリを立ち上げて『英検過去問題集』を選択する
本書を選択するとパスワードが要求されるので、以下のパスワードを打ち込んでください。

https://gakken-ep.jp/extra/myotomo/

Password　ktdgyue4

パソコン用MP3音声について

パソコンから下記URLにアクセスし、IDとパスワードを入力すると、MP3形式の音声ファイルをダウンロードすることができます。再生するには、Windows Media PlayerやiTunesなどの再生ソフトが必要です。

https://gakken-ep.jp/extra/eikenkako/2021/

ID　eikenkako2021　　Password　ktdgyue4

注意事項
・お客様のネット環境および携帯端末によりアプリをご利用できない場合、当社は責任を負いかねます。ご理解、ご了承いただきますよう、お願いいたします。
・アプリケーションは無料ですが、通信料は別途発生します。
※その他の注意事項はダウンロードサイトをご参照ください。

英検 4 級

2020 年度
第 1 回

2020 年 5 月 31 日実施
[試験時間] 筆記試験（35 分）リスニングテスト（約 28 分）

解答用マークシートを使おう。

解答と解説　本冊 p.003

CD1 トラック番号 01-03

1

次の(1)から(15)までの（　）に入れるのに最も適切なものを 1，2，3，4 の中から一つ選び，その番号のマーク欄をぬりつぶしなさい。

(1) Soccer is very (　　　　) at my school. Many students play it.

1 cold　　　2 popular　　3 little　　　4 small

(2) *A* : Let's go on a picnic tomorrow, Dad.

B : OK. We'll go if it's (　　　　).

1 snowy　　2 sunny　　3 rainy　　4 stormy

(3) *A* : I don't know the way to the airport.

B : Don't (　　　　). I have a map here.

1 worry　　2 dream　　3 decide　　4 explain

(4) *A* : Can you tell me your name?

B : I'm sorry. I can't speak English well. Can you please speak more (　　　)?

1 slowly　　2 early　　3 luckily　　4 sadly

(5) This morning, Bob got up late and (　　　) to the bus stop.

1 stood　　2 said　　3 ran　　4 grew

(6) Joe had soccer practice after school today. He was very (　　　), so he went to bed early.

1 useful　　2 tired　　3 right　　4 long

(7) *A* : Oh no! It's raining.

B : That's OK. Let's play a computer (　　　　).

1 meal　　2 point　　3 dream　　4 game

(8) **A** : Can your brother go to the movie with us?

B : No. He (　　　) to study.

1 takes　　**2** has　　**3** makes　　**4** hears

(9) Lisa and her pen pal Yumi write letters to each (　　　) every month.

1 any　　**2** both　　**3** own　　**4** other

(10) **A** : I don't want to eat these tomatoes, Mom.

B : Eat them. They're good (　　　) you.

1 for　　**2** of　　**3** up　　**4** before

(11) **A** : Tina really (　　　) like Mary. Are they sisters?

B : Yes, but Mary is two years older.

1 brings　　**2** looks　　**3** meets　　**4** puts

(12) **A** : Mom, can we watch a DVD tonight?

B : Yes. That's (　　　) with me.

1 clean　　**2** healthy　　**3** soft　　**4** fine

(13) **A** : What is your favorite subject at school?

B : Math. It's the (　　　) interesting subject for me.

1 most　　**2** more　　**3** many　　**4** much

(14) **A** : Bill's birthday is next week. What (　　　) you buy for him?

B : A new tennis racket. He needs one.

1 will　　**2** do　　**3** have　　**4** be

(15) I'm going (　　　) soccer with my friends this afternoon.

1 play　　**2** plays　　**3** playing　　**4** to play

2

次の(16)から(20)までの会話について，（　　）に入れるのに最も適切なものを 1，2，
3，4 の中から一つ選び，その番号のマーク欄をぬりつぶしなさい。

(16) **Son** : Mom, do we have any cookies?

Mother : Sorry, (　　　　) But we have crackers.

1　here you are.　　　　　　2　there are some.

3　we don't have any.　　　4　you don't think so.

(17) **Woman** : Excuse me.　Where is the bus stop?

Man : (　　　　)

1　It comes at ten.　　　　2　Just around the corner.

3　You're right.　　　　　　4　By bike.

(18) **Daughter** : I have soccer practice after school today.

Mother : OK.　(　　　　)

Daughter : About seven.

1　Who will you meet?　　　2　When will you get home?

3　Do you like sports?　　　4　Can you play soccer?

(19) **Boy** : This homework is difficult.

Girl : I finished mine already, so (　　　　)

1　I'll buy it.　　　　　　　2　I'm full.

3　I'm busy now.　　　　　　4　I'll help you.

(20) **Girl** : Look at that poster.　What language is that?

Boy : (　　　　) Let's ask Ms. Brown.　She knows many
languages.

1　I have no idea.　　　　　2　It's on the wall.

3　I don't have time.　　　　4　It's ready.

016

3

次の(21)から(25)までの日本文の意味を表すように①から⑤までを並べかえて ☐ の中に入れなさい。そして，2番目と4番目にくるものの最も適切な組合せを 1, 2, 3, 4 の中から一つ選び，その番号のマーク欄をぬりつぶしなさい。※ ただし，( ) の中では，文のはじめにくる語も小文字になっています。

(21) ジョセフ，テレビの前に立たないでください。
(① of ② don't ③ front ④ in ⑤ stand)

Joseph, please ☐ ☐[2番目] ☐ ☐[4番目] ☐ the TV.

1　①-④　　2　⑤-③　　3　④-③　　4　②-⑤

(22) ジェイソンは数学が得意ではありません。
(① not ② at ③ is ④ math ⑤ good)

Jason ☐ ☐[2番目] ☐ ☐[4番目] ☐ .

1　①-②　　2　④-③　　3　①-⑤　　4　②-④

(23) 私は紅茶を飲む時はこのカップを使います。
(① drink ② use ③ when ④ this cup ⑤ I)

I ☐ ☐[2番目] ☐ ☐[4番目] ☐ tea.

1　④-⑤　　2　④-③　　3　①-④　　4　①-②

(24) 私はこの写真を何度も見ました。
(① this photo ② and ③ at ④ again ⑤ looked)

I ☐ ☐[2番目] ☐ ☐[4番目] ☐ again.

1　③-②　　2　③-④　　3　④-③　　4　⑤-④

(25) あなたの誕生日には，どんな服が欲しいですか。
(① clothes ② kind ③ what ④ do ⑤ of)

☐ ☐[2番目] ☐ ☐[4番目] ☐ you want for your birthday?

1　④-②　　2　②-①　　3　③-⑤　　4　⑤-②

4A

次の掲示の内容に関して，(26)と(27)の質問に対する答えとして最も適切なもの，または文を完成させるのに最も適切なものを 1，2，3，4 の中から一つ選び，その番号のマーク欄をぬりつぶしなさい。

Lee's Restaurant
Get the best meals here!

Weekday Specials

Fried fish with vegetables ···$10

Chicken and rice ⠀⠀⠀···$12

⠀⠀Drinks are $2 each if you order a weekday special.

Today's Specials

Roast beef sandwich and soup (onion or corn) ···$14

Green salad and fresh juice ⠀⠀⠀⠀⠀···$6

We're open from Monday to Saturday

from 10 a.m. to 9 p.m.

(26) How much is a drink when people order a weekday special?

    1 $2.

    2 $6.

    3 $10.

    4 $14.

---

(27) Lee's Restaurant is closed on

    1 Mondays.

    2 Tuesdays.

    3 Saturdays.

    4 Sundays.

4B

次のEメールの内容に関して、(28)から(30)までの質問に対する答えとして最も適切なものを 1, 2, 3, 4 の中から一つ選び、その番号のマーク欄をぬりつぶしなさい。

From: Jenny Roberts
To: Karen Miller
Date: February 24
Subject: Science test

Hi Karen,
How are you? I was sick, so I couldn't go to school for three days. But I'll be back tomorrow. We have a science test on Friday. I already read the textbook. Can I borrow your science notebook?
See you soon,
Jenny

From: Karen Miller
To: Jenny Roberts
Date: February 24
Subject: No problem

Hi Jenny,
I was worried. I hope you feel better now! Mr. Franklin talked a lot about animals in class. You can borrow my notebook, but I have a better idea. Let's study together after school tomorrow or on Thursday. We can study at my house. My mother made cookies today, so we can have some for a snack. Let's meet in the cafeteria after school and leave together.
See you then,
Karen

(28) When will Jenny and Karen have a science test?
1 Today.
2 Tomorrow.
3 On Thursday.
4 On Friday.

(29) What does Jenny want to do?
1 Borrow Karen's notebook.
2 Learn to make cookies.
3 Buy a textbook.
4 Talk to Mr. Franklin.

(30) Where does Karen want to study for the test?
1 In the cafeteria.
2 In the science room.
3 At her house.
4 At Jenny's house.

4C

次の英文の内容に関して，(31)から(35)までの質問に対する答えとして最も適切なもの，または文を完成させるのに最も適切なものを 1，2，3，4 の中から一つ選び，その番号のマーク欄をぬりつぶしなさい。

Tyler's New Hobbies

Tyler's family had a big TV. Tyler liked to watch TV for many hours every day after school. His mother often said, "Go to your room and do your homework." Tyler didn't like to do his homework, so his mother was often angry.

Last September, the TV broke. Tyler was very sad. He said to his parents, "I want a new TV." Tyler's father said, "Maybe we can get a new one for Christmas."

After that, Tyler couldn't watch TV. So, he usually did his homework when he got home from school. Sometimes, he read books from the library. When the weather was nice, Tyler played soccer in the park with his friends. After dinner, he listened to the radio and talked with his parents.

On Christmas morning, Tyler and his parents opened some presents. One of the presents was a new TV. Tyler was happy because he could watch TV again, but he enjoys his new hobbies, too.

(31) Every day after school, Tyler liked to
1 play sports with his friends.
2 study at the library.
3 help his mother with dinner.
4 watch TV for many hours.

(32) Why was Tyler's mother often angry?
1 Tyler didn't like to do his homework.
2 Tyler always lost his library books.
3 She couldn't watch her favorite TV show.
4 She didn't want to cook dinner every day.

(33) What happened last September?
1 Tyler lost his soccer shoes.
2 Tyler bought a present for his friend.
3 Tyler's family's TV broke.
4 The library closed.

(34) When did Tyler listen to the radio?
1 Before breakfast.   2 During lunch.
3 During dinner.   4 After dinner.

(35) Why was Tyler happy on Christmas morning?
1 His parents started a new hobby.
2 His family got a new TV.
3 He played soccer with his father.
4 He read some books.

リスニングテスト

[4級リスニングテストについて]

1 このテストには，第1部から第3部まであります。
◆英文は二度放送されます。

第1部 イラストを参考にしながら対話と応答を聞き，最も適切な応答を1, 2, 3の中から一つ選びなさい。

第2部 対話と質問を聞き，その答えとして最も適切なものを1, 2, 3, 4の中から一つ選びなさい。

第3部 英文と質問を聞き，その答えとして最も適切なものを1, 2, 3, 4の中から一つ選びなさい。

2 No. 30のあと，10秒すると試験終了の合図がありますので，筆記用具を置いてください。

第1部

CD1 01

〔例題〕

No. 1

No. 2

No. 3

No. 4

No. 5

No. 6

No. 7

No. 8

No. 9

No.10

第 **2** 部

CD1
02

No. 11	**1** At 4:00.	**2** At 4:30.
	3 At 5:00.	**4** At 5:30.

No. 12
1 Jenny will.
2 Steve will.
3 Jenny's brother will.
4 Steve's brother will.

No. 13
1 To school.
2 To his friend's house.
3 To a baseball stadium.
4 To a sports store.

No. 14
1 Buy a doghouse.
2 Get a dog.
3 Play with his friend.
4 Visit a zoo.

No. 15
1 He ate too much.
2 He had a cold.
3 He went to bed late.
4 He doesn't like pizza.

No. 16

1　He has to do his homework.
2　He went fishing yesterday.
3　He will take an English lesson.
4　He doesn't like fishing.

No. 17

1　Take a bus.
2　Ask for help.
3　Take an art class.
4　Walk to the museum.

No. 18

1　Ms. Walker's sister.
2　Ms. Walker's classroom.
3　Bobby's homework.
4　Bobby's glasses.

No. 19

1　She went shopping.
2　She made cookies.
3　She visited the man's house.
4　She had a Christmas party.

No. 20

1　He took the train.
2　He walked.
3　His mother took him.
4　Ms. Olsen took him.

第3部

CD1 03

No. 21	1 Grapes.	2 Bananas.
	3 Blueberries.	4 Strawberries.

No. 22
1 Visit David's house.
2 Go to a new school.
3 Play volleyball.
4 Watch a volleyball game.

No. 23
1 Today's weather.
2 A new school uniform.
3 A restaurant.
4 A trip to the zoo.

No. 24
1 Tom lost his house key.
2 Tom didn't clean his room.
3 Tom didn't call his friend.
4 Tom got home late.

No. 25	1 One.	2 Two.
	3 Three.	4 Many.

No. 26
1 Stay at home.
2 Meet some new people.
3 Go to a festival.
4 Visit a small town.

No. 27
1 Go to work early.
2 Take her umbrella.
3 Eat breakfast quickly.
4 Buy a new TV.

No. 28
1 Last week.   2 Last month.
3 Last summer.   4 Last winter.

No. 29
1 Math.   2 English.
3 History.   4 Science.

No. 30
1 Next to a swimming pool.
2 Near the ocean.
3 On a boat.
4 By a lake.

030

英検 4 級

2020 年度
第 2 回

2020 年 10 月 11 日実施
［試験時間］筆記試験（35 分）リスニングテスト（約 28 分）

解答用マークシートを使おう。

解答と解説　本冊 p.033

CD1 トラック番号 04-06

1

次の(1)から(15)までの（　）に入れるのに最も適切なものを 1，2，3，4 の中から一つ選び，その番号のマーク欄をぬりつぶしなさい。

(1) **A** : Are you using the computer, Jeff?

B : Yes, but I'll finish (　　　　).

1 more **2** sure **3** home **4** soon

(2) That is the tallest (　　　　) in Nagoya. My father works there.

1 computer **2** world **3** dish **4** building

(3) **A** : Mom, I need a new notebook for school. Can you (　　　　)

me some money?

B : OK.

1 give **2** ride **3** have **4** buy

(4) **A** : How was the concert last night?

B : It was really (　　　　). I enjoyed it a lot.

1 poor **2** dry **3** sad **4** fun

(5) **A** : Did you have a nice weekend?

B : Yes. I went to visit my (　　　　).

1 crayons **2** grandparents

3 vacations **4** dishes

(6) **A** : Do you have any pets?

B : No. I don't like (　　　　) very much.

1 subjects **2** trains **3** animals **4** dolls

032

(7) *A* : How did you like Tokyo, Kelly?

　　　B : It's a very big (　　　　　). I got lost twice.

　　　1 idea　　　**2** body　　　**3** city　　　**4** word

(8) *A* : What do you do (　　　　) the day on Saturdays?

　　　B : I usually play in the park with my friends.

　　　1 during　　　**2** among　　　**3** from　　　**4** against

(9) My father eats breakfast early (　　　　　) the morning.

　　　1 from　　　**2** by　　　**3** in　　　**4** of

(10) *A* : What did you do yesterday afternoon, Pete?

　　　B : My brother and I (　　　　) catch in the park.

　　　1 drove　　　**2** rode　　　**3** played　　　**4** started

(11) Mari fell asleep on the train, so she didn't get (　　　　　) at her
　　　stop. She was late for school.

　　　1 over　　　**2** down　　　**3** in　　　**4** off

(12) All of Glen's friends had a good (　　　　) at his party.

　　　1 time　　　**2** cold　　　**3** hundred　**4** life

(13) Mom was (　　　　) on the phone when I came home.

　　　1 talk　　　**2** talks　　　**3** talked　　　**4** talking

(14) *A* : Dad, this is Steve. (　　　　　) are good friends at school.

　　　B : Hello, Steve. I'm happy to meet you.

　　　1 I　　　　**2** He　　　**3** We　　　**4** You

(15) *A* : Hello. (　　　　) I talk to Patty?

　　　B : I'm sorry, she can't come to the phone right now.

　　　1 Will　　　**2** May　　　**3** Did　　　**4** Would

2

次の(16)から(20)までの会話について，（　　）に入れるのに最も適切なものを 1，2，3，4 の中から一つ選び，その番号のマーク欄をぬりつぶしなさい。

(16)　**Boy** : I went to the zoo yesterday.

　　Girl : That's nice. (　　　　)

　　Boy : By bus.

　　1　Where were you?　　　　**2**　How did you go there?

　　3　Who went there?　　　　**4**　What did you do?

(17)　　**Son** : What are you doing, Mom?

　　Mother : It's your father's birthday, so (　　　　)

　　1　I don't have one.　　　　**2**　I'm making a cake.

　　3　let's go home.　　　　**4**　it's over there.

(18)　**Teacher** : Are you ready to take the test, Mary?

　　Student : Yes, Mr. Peterson. (　　　　)

　　1　We didn't do well.　　　　**2**　I forgot to bring it.

　　3　We have a new classmate.　　**4**　I studied for it all weekend.

(19)　　　**Boy** : Excuse me. How much is that ball?

　　Salesclerk : It's 500 yen. It's the last one.

　　　　Boy : (　　　　)

　　1　I'll take it.　　　　**2**　It's Monday.

　　3　You're late.　　　　**4**　Good idea.

(20)　**Boy** : Can you show me the photos of your new dog?

　　Girl : Sure, (　　　　) Let's look at them together.

　　1　I lost my phone.　　　　**2**　I broke my camera.

　　3　here you are.　　　　**4**　it's not mine.

034

3

次の(21)から(25)までの日本文の意味を表すように①から⑤までを並べかえて ▢ の中に入れなさい。そして，2番目と4番目にくるものの最も適切な組合せを 1，2，3，4 の中から一つ選び，その番号のマーク欄をぬりつぶしなさい。※ ただし，（　）の中では，文のはじめにくる語も小文字になっています。

20年度 第2回

(21) 私のお父さんが私達の宿題を手伝ってくれます。

（ ① help　② will　③ my father　④ with　⑤ us ）

▢ ▢[2番目] ▢ ▢[4番目] ▢ our homework.

1 ①－④　　**2** ②－⑤　　**3** ③－⑤　　**4** ④－⑤

(22) 里美さん，どうしてあなたは携帯電話がほしいのですか。

（ ① do　② a　③ you　④ want　⑤ why ）

Satomi, ▢ ▢[2番目] ▢ ▢[4番目] ▢ cell phone?

1 ①－②　　**2** ①－④　　**3** ③－④　　**4** ③－⑤

(23) トムは昨年，フランス語の勉強を始めました。

（ ① to　② began　③ last　④ French　⑤ study ）

Tom ▢ ▢[2番目] ▢ ▢[4番目] ▢ year.

1 ①－④　　**2** ②－⑤　　**3** ①－⑤　　**4** ②－③

(24) エマは昨日，8時に家を出て仕事へ向かいました。

（ ① at　② left　③ her house　④ work　⑤ for ）

Emma ▢ ▢[2番目] ▢ ▢[4番目] ▢ eight yesterday.

1 ③－①　　**2** ⑤－①　　**3** ③－④　　**4** ⑤－③

(25) この英語の本は私には少し難しいです。

（ ① a little　② English book　③ for　④ is　⑤ difficult ）

This ▢ ▢[2番目] ▢ ▢[4番目] ▢ me.

1 ⑤－③　　**2** ⑤－④　　**3** ④－①　　**4** ④－⑤

035

4A

次の掲示の内容に関して，(26)と(27)の質問に対する答えとして最も適切なものを 1，2，3，4 の中から一つ選び，その番号のマーク欄をぬりつぶしなさい。

Freddy's Shoe Store's
Christmas Sale!

Children's shoes will be 50% off. All women's boots will be $40! We will give a shoe bag to the first 30 people every day.

When: December 13 to December 24
Time: 10:30 a.m. to 7:00 p.m.

We will be open from 10:00 a.m. to 7:30 p.m. on the last day.

(26) What will the first 30 people get every day?

   1 A pair of shoes.

   2 A pair of boots.

   3 A shoe bag.

   4 A Christmas card.

---

(27) What time will Freddy's Shoe Store open on December 13?

   1 At 10:00 a.m.

   2 At 10:30 a.m.

   3 At 7:00 p.m.

   4 At 7:30 p.m.

4B

次のＥメールの内容に関して，⑵から⒀までの質問に対する答えとして最も適切なものを 1, 2, 3, 4 の中から一つ選び，その番号のマーク欄をぬりつぶしなさい。

From: Jack Mills
To: Nancy Mills
Date: May 13
Subject: My homework

Hi Grandma,

How are you? I have to write a report for history class. I need your help. I want to ask you some questions about your hometown and your parents. Can I visit you on Saturday or Sunday?

Love,

Jack

From: Nancy Mills
To: Jack Mills
Date: May 14
Subject: Saturday

Dear Jack,

Of course you can visit me. I have many stories to tell you. Please come to my house on Saturday morning. I'll show you some old photos. Some of the photos are more than 50 years old. I have photos of my parents and my sisters, too. If you have time, let's also eat lunch together.

Love,

Grandma

(28) What does Jack want to do?

1 Take his grandmother to school.

2 Read a report for history class.

3 Borrow some money for lunch.

4 Ask his grandmother some questions.

(29) When will Jack go to his grandmother's house?

1 On Saturday morning.

2 On Saturday afternoon.

3 On Sunday morning.

4 On Sunday afternoon.

(30) What will Jack's grandmother show Jack?

1 A new camera.

2 Some old photos.

3 Her parents' hometown.

4 Her sister's report.

4C

次の英文の内容に関して，(31)から(35)までの質問に対する答えとして最も適切なもの，または文を完成させるのに最も適切なものを 1，2，3，4 の中から一つ選び，その番号のマーク欄をぬりつぶしなさい。

Ken's Plane Ride

Ken loves planes. In the future, he wants to be a pilot. Last summer, he took a trip to Hawaii with his parents. He was excited to ride in a plane for the first time.

Ken's father drove Ken and his mother to the airport. They got there early, so they went to the observation deck* first. Ken watched planes for one hour, and he took a lot of photos, too.

After that, Ken and his parents walked to their boarding gate.* They had to wait there for 20 minutes before they could get on the plane. Ken was happy because his seat on the plane was next to a window.

Ken and his parents were on the plane for seven hours. When they arrived in Hawaii, Ken said to his mother, "That was so exciting! I enjoyed looking out the window very much. I want to sit by the window on the way home, too."

*observation deck: 展望デッキ
*boarding gate: 搭乗口

(31) What does Ken want to do in the future?
1 Become a teacher. 2 Become a pilot.
3 Make planes. 4 Buy his father a car.

(32) Where did Ken and his parents go last summer?
1 To a pilot school. 2 To a plane museum.
3 To Japan. 4 To Hawaii.

(33) What did Ken and his parents do first at the airport?
1 They went to the observation deck.
2 They bought a new camera.
3 They walked to their boarding gate.
4 They ate lunch at a restaurant.

(34) How long did Ken and his parents wait at the boarding gate?
1 For ten minutes. 2 For twenty minutes.
3 For one hour. 4 For seven hours.

(35) When Ken was on the plane, he
1 read a book about Hawaii.
2 took photos of the sea.
3 enjoyed looking out the window.
4 ate some new food.

リスニングテスト

[4級リスニングテストについて]

1 このテストには，第1部から第3部まであります。
◆英文は二度放送されます。

- 第1部 イラストを参考にしながら対話と応答を聞き，最も適切な応答を 1, 2, 3 の中から一つ選びなさい。
- 第2部 対話と質問を聞き，その答えとして最も適切なものを 1, 2, 3, 4 の中から一つ選びなさい。
- 第3部 英文と質問を聞き，その答えとして最も適切なものを 1, 2, 3, 4 の中から一つ選びなさい。

2 No. 30 のあと，10 秒すると試験終了の合図がありますので，筆記用具を置いてください。

第1部

CD1 04

〔例題〕

※本書のCDでは，例題の音声は省略しています。No.1から始めてください。

No. 1

No. 2

042

No. 3

No. 4

No. 5

No. 6

No. 7

No. 8

No. 9

No.10

第**2**部 CD1 05

No. 11	1 He went to the lake.
	2 He went fishing.
	3 He visited the zoo.
	4 He studied in the library.

| No. 12 | 1 This morning. | 2 This afternoon. |
| | 3 Tomorrow. | 4 This weekend. |

No. 13	1 In her schoolbag.
	2 In her bedroom.
	3 At John's house.
	4 At school.

| No. 14 | 1 Two. | 2 Three. |
| | 3 Four. | 4 Five. |

No. 15	1 Go shopping.
	2 Go for a walk.
	3 Swim in the lake.
	4 Stay at home.

No. 16	1 To buy tickets for a concert.
	2 To practice for a concert.
	3 To do his homework.
	4 To talk to his music teacher.

No. 17	1 Jeff's.	2 Tim's.
	3 Megan's.	4 Kelly's.

No. 18	1 Tony's soccer team.
	2 Tony's camera.
	3 Tony's birthday present.
	4 Tony's computer games.

No. 19	1 Italian.	2 French.
	3 Chinese.	4 Japanese.

No. 20	1 Study for the math test.
	2 See a movie.
	3 Go to the library.
	4 Talk with his teacher.

第**3**部

CD1
06

No. 21
1 The girl.
2 The girl's brother.
3 The girl's mother.
4 The girl's father.

No. 22
1 Every Wednesday.
2 Every Saturday.
3 Every Sunday.
4 Every day.

No. 23
1 She didn't have time.
2 She couldn't buy a ticket.
3 She had a cold.
4 She had to work.

No. 24
1 Grapes.　　2 Cherries.
3 Oranges.　　4 Bananas.

No. 25
1 Go to school.
2 Take a test.
3 Study at the library.
4 Read their textbooks.

No. 26	1	Once a week.
	2	Twice a week.
	3	Three times a week.
	4	Four times a week.

| No. 27 | 1 | In her car. | 2 | In her suitcase. |
| | 3 | In her closet. | 4 | In her desk. |

No. 28	1	Make toy trains.
	2	Play with the boy.
	3	Watch trains.
	4	Go to the movies.

No. 29	1	The science club.
	2	The tennis club.
	3	The swimming club.
	4	The English club.

| No. 30 | 1 | Some curry. | 2 | Some soup. |
| | 3 | A pizza. | 4 | A hamburger. |

048

英検 **4** 級

2019 年度
第 1 回

2019 年 6 月 2 日実施
[試験時間] 筆記試験（35 分）リスニングテスト（約 28 分）

解答用マークシートを使おう。

解答と解説　本冊 p.063

CD1 トラック番号 07-09

1

次の(1)から(15)までの（　　）に入れるのに最も適切なものを 1, 2, 3, 4 の中から一つ選び, その番号のマーク欄をぬりつぶしなさい。

(1) **A** : Frank, how many rooms are there in your (　　　　)?

　　B : Four. A bedroom, a living room, a kitchen, and a bathroom.

　　1 school　　**2** apartment　**3** stadium　　**4** airport

(2) **A** : Hi, Cathy. Can I help you?

　　B : Yes, Ms. Williams. I want to (　　　　) you some questions.

　　1 draw　　　**2** ask　　　**3** begin　　　**4** drive

(3) **A** : Grandpa, when you were a young boy, what did you do in

　　　your (　　　　) time?

　　B : I went fishing, Sally.

　　1 much　　　**2** less　　　**3** free　　　**4** short

(4) My sister and I went hiking in the mountains yesterday. We

　　walked for five hours, so we were very (　　　　).

　　1 useful　　　**2** tired　　　**3** right　　　**4** long

(5) The park is very (　　　　) in spring. There are many cherry

　　trees and lots of flowers.

　　1 beautiful　**2** ready　　**3** short　　**4** careful

(6) **A** : Grace, I was looking (　　　　) you. Where were you?

　　B : I was in the kitchen.

　　1 for　　　**2** of　　　**3** by　　　**4** from

(7) Mr. Jones is a very (　　　　) singer. There are always a lot of

　　people at his concerts.

　　1 late　　　**2** famous　　**3** clean　　**4** ready

050

(8) **A** : What can I buy for Kevin's birthday?

B : I have an (　　　). You can take him to his favorite restaurant.

1 office　　2 animal　　3 eye　　4 idea

(9) **A** : Did you hear (　　　) Mr. Henderson?

B : Yes. He's in the hospital.

1 about　　2 with　　3 around　　4 over

(10) **A** : I don't want to be late, Jen. Please hurry.

B : (　　　) a minute, Dad.

1 Most　　2 First　　3 Less　　4 Just

(11) **A** : This beach is very popular.

B : Yes. More (　　　) more people come here every year.

1 but　　2 or　　3 because　　4 and

(12) **A** : Well, Jim. Can we meet tomorrow?

B : Yes. Tomorrow is (　　　) with me.

1 heavy　　2 dark　　3 fine　　4 rainy

(13) The baby is sleeping in the next room, so please stop (　　　) and be quiet.

1 talk　　2 talked　　3 talks　　4 talking

(14) **A** : What time does your grandfather (　　　) to bed?

B : At ten every night.

1 go　　2 goes　　3 went　　4 going

(15) Luke and I (　　　) on the basketball team at our school.

1 be　　2 are　　3 was　　4 is

051

2

次の(16)から(20)までの会話について，（　　）に入れるのに最も適切なものを 1，2，3，4 の中から一つ選び，その番号のマーク欄をぬりつぶしなさい。

(16) **Woman 1** : I went to the Italian restaurant by Lake Bryson last weekend.

Woman 2 : (　　　　)

Woman 1 : It was wonderful. I loved the food.

1 How much was it?　　　　**2** Where did you go?

3 Who were you with?　　　**4** How was it?

(17) **Girl** : David, can you go to a movie with me today?

Boy : No, (　　　　) Maybe next time.

1 I want to go to a movie.　　**2** you can have one.

3 you can study there.　　　**4** I have to do my homework.

(18) **Son** : Mom, I want to make curry. How many carrots do we have?

Mother : I'm not sure. (　　　　)

1 Of course.　　　　　　　**2** I'll look in the kitchen.

3 See you later.　　　　　　**4** That's all for today.

(19) **Student 1** : I met the new teacher this morning.

Student 2 : (　　　　)

Student 1 : He's very kind. You'll like him.

1 What do you think of him?　**2** What is his name?

3 What did you say to him?　**4** What will we study today?

(20) **Son** : I cleaned my room, Mom.

Mother : Great job! (　　　　)

1 You didn't finish.　　　　**2** You can't buy that.

3 It looks really nice.　　　**4** It's in a different room.

052

3

次の(21)から(25)までの日本文の意味を表すように①から⑤までを並べかえて□の中に入れなさい。そして、2番目と4番目にくるものの最も適切な組合せを 1, 2, 3, 4 の中から一つ選び、その番号のマーク欄をぬりつぶしなさい。※ただし、（　）の中では、文のはじめにくる語も小文字になっています。

(21) 私は母から料理を学びました。
(① to　② my　③ learned　④ from　⑤ cook)

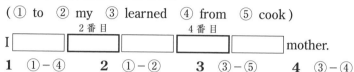

1　①-④　　2　①-②　　3　③-⑤　　4　③-④

(22) エミリーは音楽部のメンバーですか。
(① of　② a member　③ the music club　④ Emily　⑤ is)

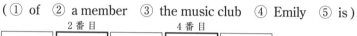

1　②-①　　2　④-①　　3　①-②　　4　③-②

(23) 教室で、あなたに話しかけていたのはだれですか。
(① speaking　② was　③ to　④ who　⑤ you)

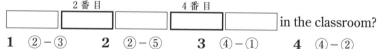

1　②-③　　2　②-⑤　　3　④-①　　4　④-②

(24) クリスは夕方にどのくらい勉強しますか。
(① study　② how　③ does　④ Chris　⑤ long)

1　⑤-④　　2　④-⑤　　3　③-①　　4　②-④

(25) 宏の家は花屋の隣です。
(① next　② is　③ house　④ the flower shop　⑤ to)

1　①-③　　2　⑤-①　　3　②-⑤　　4　④-①

4A

次の掲示の内容に関して，(26)と(27)の質問に対する答えとして最も適切なものを 1，2，3，4 の中から一つ選び，その番号のマーク欄をぬりつぶしなさい。

Autumn Sale

Theo's Bakery will have an autumn sale
from September 23 to October 7.

All sandwiches will be 20% off.
One bag of cookies will be $4.
The first 30 people each day will get a free drink.

Store hours during the sale
will be from 8 a.m. to 6 p.m.

The store will be closed on October 1.

(26) When will the sale end?

1 On September 20.

2 On September 23.

3 On October 1.

4 On October 7.

---

(27) What will the first 30 people get each day during the sale?

1 A free sandwich.

2 A free bag of cookies.

3 A free drink.

4 A free piece of bread.

4B

次のＥメールの内容に関して，(28)から(30)までの質問に対する答えとして最も適切なもの，または文を完成させるのに最も適切なものを 1，2，3，4 の中から一つ選び，その番号のマーク欄をぬりつぶしなさい。

From: Thomas Murphy
To: Hannah Murphy
Date: November 3
Subject: Dinner for you and Jack

....

Hi Hannah,
Mom and I have to work late tonight, so we won't be home for dinner. Will you and your brother be OK? You can order pizza for you and Jack, but get a salad, too. There's some money in my desk. I'll be home around nine o'clock.
Love,
Dad

From: Hannah Murphy
To: Thomas Murphy
Date: November 3
Subject: Thanks

....

Hi Dad,
Thanks for your e-mail. I got the money from your desk. I'll order a salad and two pizzas. Jack and I will eat one, and you and Mom can have the other one when you get home. I want to get some ice cream, too. Is that OK? By the way, Grandma called. Please call her back tomorrow.
See you at nine,
Hannah

(28) Hannah and Jack will have pizza for dinner because
   1 it is Jack's birthday.
   2 their grandmother is going to visit.
   3 Hannah doesn't like to cook.
   4 their parents have to work late.

(29) Where did Hannah get money for dinner?
   1 From her mother's bag.
   2 From her father's desk.
   3 From her grandmother.
   4 From Jack.

(30) What does Hannah want to buy?
   1 Some ice cream.
   2 Some drinks.
   3 A new phone.
   4 A present for her grandmother.

4C

次の英文の内容に関して，(31)から(35)までの質問に対する答えとして最も適切なも
の，または文を完成させるのに最も適切なものを 1，2，3，4 の中から一つ選び，
その番号のマーク欄をぬりつぶしなさい。

Mindy's Picnic

Mindy is 14 years old, and she lives in New York City. One day in June, her father said, "Let's have a picnic." The next day, they made sandwiches early in the morning. Then, they drove out of the city.

They drove for two hours and found a river. There were a lot of trees and flowers near the river. There were some picnic tables, too, but there were no people. It was sunny when they got out of the car. But it was cold, so they were surprised. The view was very pretty, so they took a walk by the river before lunch. After 30 minutes, they were hungry, so they sat at one of the tables and ate.

After they finished eating, they wanted to relax. Mindy's father wanted to read a book, but it was too cold. So, they went home. They want to have a picnic by the river again on a warmer day.

(31) What did Mindy and her father do early in the morning?

1 They looked at flowers.

2 They made sandwiches.

3 They went swimming.

4 They drove to a bookstore.

(32) Near the river, there were

1 a lot of trees and flowers.

2 a lot of people.

3 some animals.   4 some shops.

(33) Why were Mindy and her father surprised?

1 The river wasn't clean.

2 The sandwiches weren't good.

3 It was raining.   4 It was cold.

(34) When did Mindy and her father go for a walk?

1 Early in the morning.

2 Before they ate lunch.

3 After they ate lunch.

4 After they read a book.

(35) What did Mindy and her father do after lunch?

1 They had dessert.   2 They swam in the river.

3 They went home.   4 They went shopping.

リスニングテスト

[4級リスニングテストについて]

1 このテストには，第1部から第3部まであります。
◆英文は二度放送されます。

- **第1部** イラストを参考にしながら対話と応答を聞き，最も適切な応答を1，2，3の中から一つ選びなさい。
- **第2部** 対話と質問を聞き，その答えとして最も適切なものを1，2，3，4の中から一つ選びなさい。
- **第3部** 英文と質問を聞き，その答えとして最も適切なものを1，2，3，4の中から一つ選びなさい。

2 No. 30のあと，10秒すると試験終了の合図がありますので，筆記用具を置いてください。

第1部

CD1 07

〔例題〕

※ 本書のCDでは，例題の音声は省略しています。No.1から始めてください。

No. 1

No. 2

No. 3

No. 4

No. 5

No. 6

No. 7

No. 8

No. 9

No.10

第2部

CD1 08

No. 11	1 Blue.	2 Black.
	3 Red.	4 White.

No. 12
1 To the movies.
2 To the park.
3 To the boy's house.
4 To the girl's house.

No. 13	1 At 7:10.	2 At 7:20.
	3 At 7:30.	4 At 7:40.

No. 14	1 Jack's sister.	2 Jack's favorite subject.
	3 Jack's history test.	4 Jack's school.

No. 15	1 A salad.	2 A dessert.
	3 Some juice.	4 Some sandwiches.

No. 16
1 For three months.
2 For six months.
3 For three years.
4 For six years.

No. 17
1 Eat Australian food.
2 Watch a movie.
3 Visit the zoo.
4 Go to a science museum.

No. 18
1 Mrs. Williams.
2 Jeff.
3 Scott's baseball coach.
4 Scott.

No. 19
1 Buying a present.
2 Helping her mother.
3 Going to a party.
4 Walking in the park.

No. 20
1 Use his mother's camera.
2 Draw a picture.
3 Walk to school.
4 Read a newspaper.

第**3**部　　CD1 09

No. 21	1 His trip.	2 His favorite toy.
	3 His job.	4 His father.

No. 22	1 The girl.	2 The girl's mother.
	3 The girl's sister.	4 The girl's brother.

No. 23	1 Three.	2 Four.
	3 Five.	4 Six.

No. 24	1 Sandwiches.	2 Soup.
	3 Rice.	4 Chicken.

No. 25
1 She calls her father.
2 She helps her father.
3 She writes to Yuka.
4 She visits Yuka's house.

No. 26
1 At ten o'clock.
2 At eleven o'clock.
3 At one o'clock.
4 At seven o'clock.

| No. 27 | 1 A dog. | 2 A cat. |
| | 3 A fish. | 4 A turtle. |

| No. 28 | 1 Chocolate pie. | 2 Cookies. |
| | 3 Ice cream. | 4 Chocolate cake. |

No. 29	1 He can't find his car keys.
	2 He can't find his phone.
	3 His car is broken.
	4 His house is cold.

No. 30	1 He wants to play basketball.
	2 He wants to practice the drums.
	3 He has a lot of homework.
	4 The park will be closed.

066

英検 4 級

2019 年度
第 2 回

2019 年 10 月 6 日実施
[試験時間] 筆記試験（35 分）リスニングテスト（約 28 分）

解答用マークシートを使おう。

解答と解説　本冊 p.093

CD2 トラック番号 01-03

1

次の(1)から(15)までの（　　）に入れるのに最も適切なものを 1, 2, 3, 4 の中から一つ選び，その番号のマーク欄をぬりつぶしなさい。

(1) *A* : How many (　　　　) do you have?

B : Three. Two boys and one girl.

1 dances　　**2** children　**3** farms　　**4** days

(2) I (　　　　) my father's camera, so he was very angry.

1 hoped　　　**2** answered　**3** visited　**4** dropped

(3) Satomi's school had an English speech (　　　) today.
Satomi was happy because she did very well.

1 contest　**2** map　　**3** trip　　**4** play

(4) *A* : One orange juice, please.

B : What (　　　) would you like?

A : Small, please.

1 way　　　**2** hour　　**3** sound　　**4** size

(5) Karen takes her (　　　　) sister to the park every Saturday
morning.

1 little　　**2** less　　**3** long　　**4** left

(6) *A* : Dad, my math homework is too (　　　　). Can you help me?

B : Sure, Judy.

1 useful　**2** ready　　**3** perfect　**4** difficult

(7) *A* : Do you have any (　　　　) for the weekend, Bob?

B : Yes. My family and I will go to the beach.

1 parts　　**2** presents　**3** posters　**4** plans

068

(8) There are many kinds of cakes in this shop. (　　　) example, they have chocolate, banana, and coffee.

    1 For　　　　**2** Of　　　　**3** At　　　　**4** With

(9) **A** : Fred. When you see Jane, please (　　　) hello to her for me.

    B : OK. I will, Mr. Jackson.

    1 hear　　　**2** ask　　　**3** say　　　**4** give

(10) The dog sat next to his bowl and (　　　) for his food.

    1 wore　　　**2** waited　　　**3** walked　　　**4** bought

(11) The teachers at my school had a special meeting today. They (　　　) about the sports festival.

    1 hoped　　　**2** talked　　　**3** joined　　　**4** cleaned

(12) **A** : Do you (　　　) in Santa, Chris?

    B : Of course! He brings me presents every Christmas.

    1 brush　　　**2** believe　　　**3** begin　　　**4** bring

(13) It (　　　) all day yesterday, so I didn't go out.

    1 rain　　　**2** rains　　　**3** will rain　　　**4** rained

(14) John's mother and father (　　　) home now. They're at the shopping center.

    1 don't　　　**2** doesn't　　　**3** isn't　　　**4** aren't

(15) Next Tuesday is my father's birthday. I'm going to give (　　　) a watch.

    1 he　　　**2** his　　　**3** him　　　**4** it

2

次の(16)から(20)までの会話について，（　　）に入れるのに最も適切なものを 1，2，3，4 の中から一つ選び，その番号のマーク欄をぬりつぶしなさい。

(16)　**Boy** : Sorry, Julia. I'm going to be late for your party tomorrow.

　　　Girl : That's OK. (　　　　　)

　　　Boy : At about 5:00.

　　　1　Where is the party?　　　　**2**　When can you come?

　　　3　Are you always late?　　　　**4**　How many people are there?

(17)　**Mother** : Do you want some more pizza, Daniel?

　　　　Son : Yes, (　　　　　)

　　　1　I want to cook dinner.　　　**2**　I can't eat it.

　　　3　I don't think so.　　　　　**4**　I'm really hungry.

(18)　**Boy** : Hi, Meg. How was your trip to France?

　　　Girl : It was fun. (　　　　　)

　　　Boy : Really? I'd like to see them sometime.

　　　1　The camera is mine.　　　　**2**　I went there many times.

　　　3　I took some nice photos.　　**4**　I went by airplane.

(19)　　**Man** : Will you be at the baseball game on Saturday?

　　　Woman : (　　　　　) I'll visit my cousin this weekend.

　　　1　No, I won't.　　　　　　　**2**　Yes, we have to.

　　　3　No, it isn't.　　　　　　　**4**　Yes, you said that.

(20)　**Girl 1** : How often do you eat breakfast, Jane?

　　　Girl 2 : (　　　　　) I always have eggs and toast.

　　　1　I ate too much.　　　　　　**2**　No one did.

　　　3　About 20 minutes.　　　　　**4**　Every day.

070

3

次の(21)から(25)までの日本文の意味を表すように①から⑤までを並べかえて□□の中に入れなさい。そして，2番目と4番目にくるものの最も適切な組合せを1，2，3，4の中から一つ選び，その番号のマーク欄をぬりつぶしなさい。※ただし，（　）の中では，文のはじめにくる語も小文字になっています。

(21) お母さん，夕食の手伝いが必要ですか。

（① dinner　② you　③ help　④ need　⑤ with ）

Mom, do 　[　]　[2番目]　[　]　[4番目]　?

1　③－①　　**2**　③－④　　**3**　④－①　　**4**　④－⑤

(22) このくつは，アダムには小さすぎます。

（① for　② are　③ small　④ too　⑤ shoes ）

These 　[　]　[2番目]　[　]　[4番目]　Adam.

1　⑤－②　　**2**　③－⑤　　**3**　②－③　　**4**　④－①

(23) 東京には訪れるところがたくさんあります。

（① are　② a lot of　③ there　④ to　⑤ places ）

[　]　[2番目]　[　]　[4番目]　[　]　visit in Tokyo.

1　③－⑤　　**2**　②－①　　**3**　①－⑤　　**4**　⑤－②

(24) あなたは今年の夏にどこへ行く予定ですか。

（① you　② are　③ going　④ where　⑤ to ）

[　]　[2番目]　[　]　[4番目]　[　]　go this summer?

1　②－⑤　　**2**　②－③　　**3**　④－①　　**4**　④－⑤

(25) すてきなネクタイをありがとうございました。

（① you　② nice　③ the　④ for　⑤ thank ）

[　]　[2番目]　[　]　[4番目]　[　]　tie.

1　①－③　　**2**　④－①　　**3**　①－⑤　　**4**　④－②

4A

次のちらしの内容に関して，(26)と(27)の質問に対する答えとして最も適切なもの，または文を完成させるのに最も適切なものを 1，2，3，4 の中から一つ選び，その番号のマーク欄をぬりつぶしなさい。

Pizza Princess One-Month Special

From Friday, June 19 to Saturday, July 18, everything at Pizza Princess is on sale!

All pizzas are only $8 each.
If you buy two pizzas, you'll get one more for free!
Drinks are $1 each.
We have desserts, too. Cakes are $10 each.

If you love pizza, don't miss this sale!
Hours: 11:00 a.m. to 10:00 p.m.

(26) When does the sale end?

1 On June 18.

2 On June 19.

3 On July 18.

4 On July 19.

(27) People will get a free pizza if they

1 buy one drink.

2 buy one cake.

3 buy two pizzas.

4 buy two desserts.

4B

次のEメールの内容に関して，(28)から(30)までの質問に対する答えとして最も適切なものを 1, 2, 3, 4 の中から一つ選び，その番号のマーク欄をぬりつぶしなさい。

From: Brenda Jackson
To: Katherine Jackson
Date: July 21
Subject: Help!

....

Hi Katherine,
Can you help me? Today is your dad's birthday. I forgot about it. Please make some chocolate cookies after you come home. After work, I'll buy some steaks at the supermarket to cook for dinner. I'll be home at six. Dad will be home at 6:30.
Thanks,
Mom

From: Katherine Jackson
To: Brenda Jackson
Date: July 21
Subject: OK

....

Hi Mom,
No problem! I don't have swimming practice today, so I'll get home at 4:30. I can make the cookies, and I'll make a salad, too. I'll use some tomatoes from the garden. Can you buy some potatoes? Let's make potato soup, too. It's Dad's favorite food.
See you at six,
Katherine

(28) Who forgot about Katherine's father's birthday?

1 Katherine's mother.

2 Katherine's sister.

3 Katherine's grandfather.

4 Katherine.

---

(29) What will Katherine do after she gets home?

1 Buy some tomatoes.

2 Go to swimming practice.

3 Work at a supermarket.

4 Make some chocolate cookies.

---

(30) What is Katherine's father's favorite food?

1 Tomato salad.

2 Potato soup.

3 Steak.

4 French fries.

4C

次の英文の内容に関して，(31)から(35)までの質問に対する答えとして最も適切なもの，または文を完成させるのに最も適切なものを 1，2，3，4 の中から一つ選び，その番号のマーク欄をぬりつぶしなさい。

A Day at the Bookstore

Suzu is a university student in Osaka. She studies English. She loves to read, and she often visits the city library. Last Saturday, a new bookstore opened near her apartment, so she went there at ten o'clock in the morning. It was big and beautiful. She looked at many kinds of books for two hours.

At twelve o'clock, Suzu bought three books and one magazine. "What's on the second floor?" she thought. When Suzu went to the second floor of the bookstore, she saw a café. There were many things on the menu at the café. The cakes and sandwiches looked nice, but she just bought a cup of tea. She sat down and started reading her new magazine.

At two o'clock, Suzu looked around. There were many people in the café, and they were eating and drinking. She thought, "It's a little noisy* now." So, she went home. Suzu enjoyed her day at the bookstore.

*noisy: 騒がしい

(31) What does Suzu do?
1 She studies at a university.
2 She writes books in Osaka.
3 She works at a library.
4 She works at a bookstore.

(32) How long did Suzu look at books at the new bookstore?
1 For one hour.
2 For two hours.
3 For three hours.
4 For nine hours.

(33) What did Suzu do at twelve o'clock?
1 She made lunch.
2 She took a walk outside.
3 She bought some books and a magazine.
4 She went to her English class.

(34) At the café, Suzu bought
1 a cup of tea.
2 a cup of coffee.
3 a cake.
4 a sandwich.

(35) What time did Suzu go home?
1 At ten o'clock.
2 At twelve o'clock.
3 At two o'clock.
4 At six o'clock.

リスニングテスト

[4級リスニングテストについて]

1 このテストには，第1部から第3部まであります。
◆英文は二度放送されます。

第1部 イラストを参考にしながら対話と応答を聞き，最も適切な応答を1，2，3の中から一つ選びなさい。

第2部 対話と質問を聞き，その答えとして最も適切なものを1，2，3，4の中から一つ選びなさい。

第3部 英文と質問を聞き，その答えとして最も適切なものを1，2，3，4の中から一つ選びなさい。

2 No. 30のあと，10秒すると試験終了の合図がありますので，筆記用具を置いてください。

第1部

CD2 01

〔例題〕

※本書のCDでは，例題の音声は省略しています。
No.1から始めてください。

No. 1

No. 2

No. 3

No. 4

No. 5

No. 6

No. 7

No. 8

No. 9

No.10

第2部

CD2
02

No. 11	**1** Amy's sister.	**2** Amy's brother.
	3 Brian's sister.	**4** Brian's brother.

No. 12
1 To the mother's office.
2 To the boy's school.
3 To the airport.
4 To a restaurant.

No. 13
1 There is no paper.
2 The man is late.
3 Her phone is broken.
4 She lost her notebook.

No. 14
1 The grandmother's hobby.
2 The boy's badminton team.
3 A party at school.
4 A famous badminton player.

No. 15
1 They are fast.
2 They are easy to draw.
3 He likes traveling.
4 His father is a pilot.

| No. 16 | 1 | Go hiking. | 2 | Visit his aunt. |
| | 3 | Study. | 4 | Go shopping. |

| No. 17 | 1 | Yesterday. | 2 | Last weekend. |
| | 3 | Two weeks ago. | 4 | Last month. |

No. 18	1	Her homestay.
	2	Her computer club.
	3	Reading an e-mail.
	4	Talking to her sister.

No. 19	1	At a sports club.
	2	At a department store.
	3	At the man's house.
	4	At the woman's house.

No. 20	1	About 5 minutes.
	2	About 15 minutes.
	3	About 30 minutes.
	4	About 50 minutes.

第3部

CD2 03

No. 21	1 She met her favorite player.
	2 She played baseball.
	3 Her best friend visited her.
	4 Her father helped her.

No. 22	1 They made a cake.
	2 They looked for a present.
	3 They went to a restaurant.
	4 They cooked some steak.

No. 23	1 Oranges.	2 Strawberries.
	3 Bananas.	4 Apples.

No. 24	1 By bus.	2 By plane.
	3 By train.	4 By car.

No. 25	1 Her new game.
	2 Her house.
	3 Her favorite color.
	4 Her pet.

No. 26	1	Take a test.
	2	Go to his friend's house.
	3	Read in the library.
	4	Buy some books.

| No. 27 | 1 | Mary. | 2 | Mary's father. |
| | 3 | Mary's mother. | 4 | Mary's brother. |

No. 28	1	This morning.
	2	This afternoon.
	3	Tomorrow morning.
	4	Tomorrow afternoon.

No. 29	1	At a hospital.
	2	At a restaurant.
	3	At a gas station.
	4	At a supermarket.

No. 30	1	To buy some flowers.
	2	To go jogging in the park.
	3	To make breakfast.
	4	To take some pictures.

084

英検 4 級

2019 年度 第 3 回

2020 年 1 月 26 日実施
［試験時間］筆記試験（35 分）リスニングテスト（約 29 分）

解答用マークシートを使おう。

解答と解説　本冊 p.123

CD2 トラック番号 04-06

1

次の(1)から(15)までの（　　）に入れるのに最も適切なものを 1，2，3，4 の中から一つ選び，その番号のマーク欄をぬりつぶしなさい。

(1) Donald took his son to the (　　　　) to look at the planes.

1 station　　**2** airport　　**3** hospital　　**4** bank

(2) Laura is busy today.　First, she will do her math homework, and then she will finish her (　　　　) for science class.

1 ticket　　**2** project　　**3** crayon　　**4** blackboard

(3) The (　　　　) is very clear and full of stars tonight.　It's beautiful!

1 land　　**2** boat　　**3** sky　　**4** ground

(4) *A* : Do you want (　　　　) or jam on your toast?

B : I'll have jam, please.

1 station　　**2** spoon　　**3** butter　　**4** table

(5) My (　　　　) sport is volleyball.　But my friends don't like it.

1 happy　　**2** long　　**3** nice　　**4** favorite

(6) It was raining hard when we (　　　　) at the station.

1 put　　**2** invited　　**3** arrived　　**4** made

(7) I like listening to my grandfather's stories.　His stories are always very (　　　　).

1 late　　**2** high　　**3** sleepy　　**4** interesting

(8) I don't want to (　　　　) a cold, so I wash my hands often.

1 answer　　**2** catch　　**3** end　　**4** do

086

(9) **A** : How do you ( ) to school, Harry?

B : I go by train.

1 ask **2** get **3** give **4** tell

(10) **A** : You're driving too fast, John! Slow ( ).

B : OK. Sorry.

1 down **2** in **3** away **4** off

(11) **A** : Those flowers are beautiful. Can I ( ) a picture of them?

B : Sure.

1 answer **2** take **3** hear **4** ride

(12) Jenny got very tired in the race, but she did not give ( ). She ran and finished the race.

1 off **2** on **3** up **4** at

(13) **A** : ( ) are you going to go to the park today?

B : I want to paint a picture.

1 When **2** What **3** Where **4** Why

(14) **A** : Karen, I was looking for you. Where ( ) you?

B : In the garden, Dad.

1 is **2** am **3** was **4** were

(15) **A** : Jack, stop ( ) TV and wash the dishes.

B : All right, Mom.

1 watching **2** watches **3** watched **4** watch

2

次の(16)から(20)までの会話について，（　　）に入れるのに最も適切なものを 1，2，3，4 の中から一つ選び，その番号のマーク欄をぬりつぶしなさい。

(16) **Woman 1** : There were a lot of people at the festival yesterday.
（　　　　）

Woman 2 : No, I was working.

1　Are you finished?　　　2　Did you go?
3　Is it time to eat?　　　4　What did you wear?

(17) **Girl** : Your jacket is nice, Mike! Is it new?
Boy : (　　　　) I got it for my birthday.

1　Yes. It was a present.　　2　Sure, I know you.
3　I'd like to.　　　　　　　4　I'm going to see it.

(18) **Man** : Excuse me, I'm looking for a new camera.
Saleswoman : (　　　　) It's small, light, and popular.

1　When is it?　　　　　　2　Which is yours?
3　How about this one?　　4　Whose pictures are these?

(19) **Woman** : See you later, Beth. Please say hello to your mother.
Girl : (　　　　)

1　No, not yesterday.　　2　Maybe we can.
3　Yes, I think so.　　　4　OK, I will.

(20) **Teacher** : Is John at school today?
Student : Yes. (　　　　)

1　He stayed at home.
2　I saw him five minutes ago.
3　The homework was difficult.
4　He tried to do it.

088

3

次の(21)から(25)までの日本文の意味を表すように①から⑤までを並べかえて□の中に入れなさい。そして、2番目と4番目にくるものの最も適切な組合せを 1, 2, 3, 4 の中から一つ選び、その番号のマーク欄をぬりつぶしなさい。※ただし、（　）の中では、文のはじめにくる語も小文字になっています。

(21) フレッドは毎日2時間ジョギングをします。
(① jogging　② for　③ two　④ goes　⑤ hours)

Fred □ □[2番目] □ □[4番目] □ every day.

1　①-②　　2　①-③　　3　⑤-②　　4　③-⑤

(22) メリッサは箱の中から母親の黄色いドレスを見つけました。
(① dress　② in　③ found　④ yellow　⑤ her mother's)

Melissa □ □[2番目] □ □[4番目] □ a box.

1　①-②　　2　④-②　　3　③-①　　4　⑤-①

(23) ブラウンさんと彼女の息子は昨日歯医者にいました。
(① at　② her son　③ and　④ were　⑤ Mrs. Brown)

□ □[2番目] □ □[4番目] □ the dentist yesterday.

1　①-④　　2　④-②　　3　②-③　　4　③-④

(24) ジャネットはそのコンサートについてお姉さんから聞きました。
(① the concert　② about　③ her　④ heard　⑤ from)

Janet □ □[2番目] □ □[4番目] □ sister.

1　④-①　　2　⑤-②　　3　②-⑤　　4　⑤-③

(25) 今夜は早くお風呂に入ったほうがいいですよ。
(① bath　② you　③ a　④ should　⑤ take)

□ □[2番目] □ □[4番目] □ early tonight.

1　④-③　　2　②-④　　3　⑤-①　　4　③-①

4A

次の掲示の内容に関して，(26)と(27)の質問に対する答えとして最も適切なもの，または文を完成させるのに最も適切なものを 1，2，3，4 の中から一つ選び，その番号のマーク欄をぬりつぶしなさい。

Laketown Library
Summer Hours

July 25 to 31	9 a.m. to 5 p.m.
August 1 to 4	*Closed*
August 5 to 16	10 a.m. to 2 p.m.
August 17 & 18	*Closed*

There will be an art class for children on August 16.
They can learn to draw pictures for picture books.
For more information, come to the front desk.

(26) What time will the library close on July 31?

   1   At 9 a.m.

   2   At 10 a.m.

   3   At 2 p.m.

   4   At 5 p.m.

---

(27) On August 16, children can

   1   write a book.

   2   get a picture of the library.

   3   take an art class.

   4   learn about Laketown.

4B

次のEメールの内容に関して，(28)から(30)までの質問に対する答えとして最も適切なものを 1，2，3，4 の中から一つ選び，その番号のマーク欄をぬりつぶしなさい。

From: Katie Walton
To: Yumi Oda
Date: January 15
Subject: This weekend

....

Hi Yumi!

How are you? My family and I are going to go ice-skating on Saturday. Can you come with us? We'll go to Northside Park in the morning. There's a lake there, and we can skate on it. After that, my parents will buy us lunch.

I hope you can come!

Katie

From: Yumi Oda
To: Katie Walton
Date: January 15
Subject: Thanks!

....

Hi Katie,

I'd love to go ice-skating with you! When I lived in Hokkaido, I went ice-skating every weekend in winter. I have a piano lesson on Saturday at 4 p.m., but I can eat lunch with you after we go ice-skating. I'm excited to see your parents again. See you on Saturday!

Thanks,

Yumi

092

(28) Where will Katie and her family go on Saturday morning?

    1 To Yumi's house.

    2 To Northside Park.

    3 To a sports store.

    4 To Hokkaido.

(29) How often did Yumi go ice-skating in Hokkaido?

    1 Once a year.

    2 Every month.

    3 Every weekend in winter.

    4 Every day in winter.

(30) What is Yumi going to do after lunch on Saturday?

    1 Make some snacks with Katie.

    2 Go back to Hokkaido.

    3 Meet Katie's parents for the first time.

    4 Go to a piano lesson.

4C

次の英文の内容に関して，(31)から(35)までの質問に対する答えとして最も適切なもの，または文を完成させるのに最も適切なものを 1，2，3，4 の中から一つ選び，その番号のマーク欄をぬりつぶしなさい。

A New Uniform

Kim's father got a job in Japan, so Kim and her family just moved from Canada to Japan. She will go to a school in Yokohama. Students from many countries go to this school. Her new school is as big as her old school in Canada. There were no uniforms at Kim's old school, but the students at her new school must wear uniforms.

Yesterday, Kim and her mother went shopping. First, they bought notebooks and pencils. Then, they had lunch at a curry restaurant. After that, they went to buy a uniform.

Kim was surprised because there were many kinds of uniforms at the store. "Can I get this green and brown uniform?" Kim asked. "No," her mother said, "the colors of your school uniform are blue and gold." They bought one uniform for summer and one for winter. Kim is excited to wear her new uniform to school next week.

(31) Why did Kim and her family move to Japan?
1　Her school in Canada closed.
2　Her family started a curry restaurant.
3　Her mother wants to open a clothes store.
4　Her father got a job there.

(32) At Kim's new school,
1　the students must wear uniforms.
2　the students have to bring their own lunches.
3　there aren't many students.
4　the students don't speak English.

(33) What did Kim and her mother do first yesterday?
1　They ate lunch.
2　They bought notebooks and pencils.
3　They looked at uniforms.
4　They visited Kim's new school.

(34) Why was Kim surprised?
1　The uniform for winter was very expensive.
2　She couldn't find any cute notebooks.
3　There were many kinds of uniforms at the store.
4　There were many students at her new school.

(35) Which uniform did Kim want to buy?
1　The blue and green one.
2　The blue and gold one.
3　The green and brown one.
4　The gold and brown one.

リスニングテスト

[4級リスニングテストについて]

1 このテストには，第1部から第3部まであります。
◆英文は二度放送されます。

> 第1部　イラストを参考にしながら対話と応答を聞き，最も適切な応答を1，2，3の中から一つ選びなさい。
>
> 第2部　対話と質問を聞き，その答えとして最も適切なものを1，2，3，4の中から一つ選びなさい。
>
> 第3部　英文と質問を聞き，その答えとして最も適切なものを1，2，3，4の中から一つ選びなさい。

2 No. 30のあと，10秒すると試験終了の合図がありますので，筆記用具を置いてください。

第1部

CD2 04

〔例題〕

※本書のCDでは，例題の音声は省略しています。No.1から始めてください。

No. 1

No. 2

No. 3
No. 4
No. 5
No. 6
No. 7
No. 8
No. 9
No.10

第**2**部　CD2 05

No. 11	1 Some coffee.	2 Some juice.
	3 Some milk.	4 Some tea.

No. 12
1 Charlie's cat.
2 Charlie's baby sister.
3 Tina's friend.
4 Tina's birthday.

No. 13
1 The girl.
2 The boy.
3 The girl's grandmother.
4 The boy's grandmother.

No. 14
1 Write a report about Africa.
2 Get a new history textbook.
3 Visit her friend in Africa.
4 Read the boy's story.

No. 15
1 Go to the man's house.
2 Have lunch together.
3 Make a salad.
4 Travel to India.

No. 16	1	Drawing a map.
	2	Buying a map.
	3	Looking for a hotel.
	4	Leaving a hotel.

No. 17	1	To the zoo.
	2	To the movies.
	3	To her sister's house.
	4	To her friend's house.

No. 18	1	To make soup.
	2	To make curry.
	3	To make potato chips.
	4	To make potato salad.

No. 19	1	Math.	2	Science.
	3	Art.	4	History.

No. 20	1	Go to the bank.	2	Go to a concert.
	3	Make lunch.	4	Buy tickets.

第3部

CD2 06

No. 21
1 He stayed in bed.
2 He went to school.
3 He made some soup.
4 He helped his mother.

No. 22
1 Magazines.   2 Books.
3 Postcards.   4 Tickets.

No. 23
1 Riding horses.
2 Playing with the dog.
3 Talking to her grandfather.
4 Looking at the animals.

No. 24
1 Bring a flower to school.
2 Go to class early.
3 Help their art teacher.
4 Talk about their favorite color.

No. 25
1 July 1.   2 July 25.
3 August 1.   4 August 7.

No. 26	1	Her school trip.
	2	Her family's garden.
	3	Her favorite season.
	4	Her summer vacation.

No. 27	1	To buy some Hawaiian food.
	2	To buy a new camera.
	3	To get tickets for her trip.
	4	To get a new swimsuit.

| No. 28 | 1 | Sushi. | 2 | Noodles. |
| | 3 | Fried chicken. | 4 | Curry and rice. |

| No. 29 | 1 | Take a test. | 2 | Study for school. |
| | 3 | Buy a swimsuit. | 4 | Start a new class. |

| No. 30 | 1 | One dollar. | 2 | Two dollars. |
| | 3 | Three dollars. | 4 | Four dollars. |

102

英 検 **4** 級

合格力
チェックテスト

[試験時間] 筆記試験（35分）リスニングテスト（約29分）

解答用マークシートを使おう。

解答と解説　本冊 P.153

CD2 トラック番号07-09

4級 合格力チェックテスト

[筆記]

1

次の(1)から(15)までの（　　）に入れるのに最も適切なものを 1, 2, 3, 4 の中から一つ選び，その番号のマーク欄をぬりつぶしなさい。

(1) John is learning two (　　　) French and Chinese, at school.

   1 parks   **2** schools   **3** stages   **4** languages

(2) **A** : How much is a (　　　) for the movie?

   B : It's 12 dollars.

   1 ticket   **2** time   **3** star   **4** theater

(3) **A** : How did you (　　　) the letter?

   B : By express mail.

   1 write   **2** send   **3** open   **4** take

(4) **A** : How many students are there in your school?

   B : A little over one (　　　) students.

   1 number   **2** classroom   **3** thousand   **4** kilometer

(5) **A** : Hi. My name is Mandy, and I'm from Australia.

   B : Really? I'm (　　　) from Australia, and my name is John.

   1 again   **2** far   **3** always   **4** also

(6) **A** : Robert, do your homework (　　　) dinner.

   B : All right, Mom.

   1 and   **2** on   **3** before   **4** to

104

(7) Jack is from a small (   ), but he lives in a big city now.

1 size **2** bridge **3** trip **4** village

(8) Peter's class took a bus tour to the beach. They (   ) a very good time there.

1 played **2** took **3** had **4** spoke

(9) This is a very famous festival. Many people come from all (   ) the world.

1 during **2** over **3** with **4** until

(10) Kate added some (   ) of fruit on the cake last. It was delicious.

1 plants **2** stops **3** arms **4** kinds

(11) My father (   ) up very early every morning. He goes jogging before breakfast.

1 waits **2** wakes **3** finds **4** catches

(12) Some children often (   ) catch in this park.

1 show **2** take **3** play **4** stand

(13) Henry and his friends are going to go hiking tomorrow. But Henry's brother (   ) go because he has a lot of homework.

1 won't **2** isn't **3** don't **4** aren't

(14) Kathy (   ) a glass when she was washing the dishes.

1 broke **2** breaks **3** will break **4** to break

(15) I like baseball (   ) than soccer.

1 good **2** well **3** better **4** best

105

2

次の(16)から(20)までの会話について，（　）に入れるのに最も適切なものを 1，2，3，4 の中から一つ選び，その番号のマーク欄をぬりつぶしなさい。

(16) **Boy** : Did you buy any good books at the bookstore?

　　　Girl : Yes, I bought some. （　　　）

　　　1　For three hours.　　　　　**2**　Here they are.

　　　3　I forgot them.　　　　　　**4**　I got lost.

(17) 　　**Father** : How was your school festival, Anne?

　　　Daughter : （　　　） Dad.　Many people visited and watched
　　　　　　　　　　our play.

　　　1　It wasn't cold,　　　　　　**2**　I don't know,

　　　3　It was a lot of fun,　　　　**4**　I'll visit there,

(18) **Girl** : You look good today, Chris. （　　　）

　　　Boy : Thank you.　I think I can get out of the hospital soon.

　　　1　Who is your doctor?　　　　**2**　When did you come here?

　　　3　What's the matter?　　　　**4**　How do you feel?

(19) **Boy** : I need a bike to go to the convenience store. （　　　）

　　　Girl : No problem.　It's in front of the house.

　　　1　May I use your bike?　　　**2**　Can you drive a car?

　　　3　Is it far from here?　　　　**4**　How many bikes do you have?

(20) **Girl** : When do you practice soccer, Bill?

　　　Boy : （　　　） I like playing soccer very much.

　　　1　I can play that.　　　　　**2**　About two years now.

　　　3　On Saturdays and Sundays.　**4**　No, I won't.

3

次の(21)から(25)までの日本文の意味を表すように①から⑤までを並べかえて ☐ の中に入れなさい。そして，2番目と4番目にくるものの最も適切な組合せを 1, 2, 3, 4 の中から一つ選び，その番号のマーク欄をぬりつぶしなさい。

(21) 昨日彼らは，学校からその公園の動物園まで歩いて行きました。

(① the zoo ② the school ③ from ④ to ⑤ walked)

Yesterday, they ☐ ☐[2番目] ☐ ☐[4番目] ☐ in the park.

1 ③-④   **2** ⑤-④   **3** ⑤-①   **4** ③-②

---

(22) 私の姉はピアノを弾くのがとても上手です。

(① very ② at ③ is ④ good ⑤ playing)

My sister ☐ ☐[2番目] ☐ ☐[4番目] ☐ the piano.

1 ①-②   **2** ④-③   **3** ①-⑤   **4** ②-④

---

(23) 私の町では，お城より博物館のほうが有名です。

(① than ② famous ③ the castle ④ more ⑤ is)

The museum ☐ ☐[2番目] ☐ ☐[4番目] ☐ in my town.

1 ②-④   **2** ⑤-①   **3** ④-①   **4** ③-②

---

(24) けさ早く，雨が降り始めました。

(① to ② began ③ this ④ rain ⑤ early)

It ☐ ☐[2番目] ☐ ☐[4番目] ☐ morning.

1 ①-⑤   **2** ④-②   **3** ⑤-③   **4** ①-②

---

(25) 祖父は私たちに彼の旅行の写真を見せてくれました。

(① us ② his trip ③ the pictures ④ of ⑤ showed)

My grandfather ☐ ☐[2番目] ☐ ☐[4番目] ☐ .

1 ③-①   **2** ③-④   **3** ④-②   **4** ①-④

英検4級

合格力チェックテスト

107

4A

次の掲示の内容に関して，⒄と⒄の質問に対する答えとして最も適切なものを 1，2，3，4 の中から一つ選び，その番号のマーク欄をぬりつぶしなさい。

Learn to Draw Pictures

Come to our art class. You can learn to draw better pictures with us. Lessons are on Tuesday afternoons for three months. Each lesson has a different thing to draw such as dogs, mountains or flowers.

We will display* the best drawing at the city library for a month.

For more information, speak with Mrs. Cobb at the school office.

---

*display：〜を展示する

(26) How often do they have lessons?

1 Once a week.

2 Twice a week.

3 Once a month.

4 Three times a month.

(27) Who can you talk with about the class?

1 The art students.

2 Mrs. Cobb.

3 The city library staff.

4 Workers at the flower shop.

4B

次のＥメールの内容に関して，㉘から㉚までの質問に対する答えとして最も適切なもの，または文を完成させるのに最も適切なものを 1，2，3，4 の中から一つ選び，その番号のマーク欄をぬりつぶしなさい。

From: Debbie Smith
To: Saori Yamada
Date: April 19
Subject: Making paper cranes*

....

Dear Saori,
Today, I learned to make *origami*. I made cranes with paper. Of course, you can do it, right? I also learned that if you make 1,000 of them, it brings good luck. Let's make them together next Saturday or Sunday. We can take them to the baseball team. They have a big tournament* next month.
Your friend,
Debbie

From: Saori Yamada
To: Debbie Smith
Date: April 21
Subject: Paper cranes

....

Dear Debbie,
I told my brother about the paper cranes. He can make them, too and join us. Then we can finish making 1,000 cranes quickly. We will come to your house together. Sunday is better for us. Our school's baseball team won the final game last year. I hope they will win again this year, too.
Thanks,
Saori

*crane：鶴　　*tournament：大会

(28) What did Debbie do on April 19th?

1 Made Japanese paper.

2 Finished making 1,000 paper cranes.

3 Made cranes with paper.

4 Joined the baseball team.

(29) Where will they do the work?

1 At the baseball team's room.

2 At school.

3 At Debbie's house.

4 At Saori's house.

(30) Debbie will see Saori and her brother

1 next Saturday.

2 next Sunday.

3 next month.

4 next year.

4C

次の英文の内容に関して，(31)から(35)までの質問に対する答えとして最も適切なもの，または文を完成させるのに最も適切なものを 1，2，3，4 の中から一つ選び，その番号のマーク欄をぬりつぶしなさい。

Planting* Flowers around the School

Judy is a new student at a junior high school in Japan. She came to Japan a month ago. She has many friends in her class now.

Last Saturday, May 10th, everyone in her class joined the "Plant Flowers Around School" festival. At 10:00, they met on the school ground. They made teams of five students. The plan was to plant flowers around their school ground and the soccer field.

At the beginning of the event, people from a garden center planted some flowers. Judy and the other students watched and learned from them. Each team got fifty flowers to plant, garden tools and two buckets* for water. There were about ten kinds of flowers. Judy enjoyed planting the flowers very much.

At 12:30, they finished everything. After lunch, Judy and her team members walked around the school to see the flowers. They felt happy because their school was now beautiful.

*plant：～を植える   *bucket：バケツ

(31) When did Judy come to Japan?
1 Last Saturday.   2 Last week.
3 Last month.   4 Last year.

(32) How many people were there on each team?
1 Two.   2 Five.
3 Ten.   4 Fifty.

(33) Before the students started to plant flowers,
1 their teacher made a speech.
2 there was a demonstration.
3 they visited a garden center.
4 they had lunch.

(34) What happened at 12:30?
1 They met on the ground.
2 They started planting flowers.
3 They finished the event.
4 They left school.

(35) Why did Judy and her team members walk around the school?
1 To choose flowers.   2 To look at the flowers.
3 To take pictures of the flowers.
4 To give water to the flowers.

リスニングテスト

[4級リスニングテストについて]

1 このテストには，第1部から第3部まであります。
◆英文は二度放送されます。

第1部 イラストを参考にしながら対話と応答を聞き，最も適切な応答を1, 2, 3の中から一つ選びなさい。

第2部 対話と質問を聞き，その答えとして最も適切なものを1, 2, 3, 4の中から一つ選びなさい。

第3部 英文と質問を聞き，その答えとして最も適切なものを1, 2, 3, 4の中から一つ選びなさい。

2 No. 30のあと，10秒すると試験終了の合図がありますので，筆記用具を置いてください。

第1部

CD2 07

〔例題〕

※本書のCDでは，例題の音声は省略しています。No.1から始めてください。

No. 1

No. 2

No. 3

No. 4

No. 5

No. 6

No. 7

No. 8

No. 9

No.10

第2部

CD2 08

No. 11	1	At Jack's house.
	2	At the library.
	3	At the station.
	4	At home with her mother.

No. 12	1	He misses his friend.
	2	He has to go back to his country.
	3	He had a fight with his friend.
	4	He didn't do well in his test.

No. 13	1	Greg's.	2	Greg's brother's.
	3	Cindy's.	4	Cindy's brother's.

No. 14	1	Japanese.	2	Math.
	3	Science.	4	History.

No. 15	1	At 3:00.	2	At 3:55.
	3	At 4:00.	4	At 5:00.

No. 16	1	The boy's grandmother.
	2	The girl.
	3	The girl's mother.
	4	The girl's grandmother.

| **No. 17** | 1 | One. | 2 | Two. |
| | 3 | Three. | 4 | Four. |

No. 18	1	At a birthday party.
	2	At a clothes store.
	3	At a hospital.
	4	At a bike shop.

| **No. 19** | 1 | Take a train. | 2 | Get off the bus. |
| | 3 | Drive a car. | 4 | Go home. |

No. 20	1	The girl's birthday.
	2	The boy's shoes.
	3	Their favorite color.
	4	The boy's soccer game.

第3部

CD2
09

No. 21
1 He lost his bike.
2 He lost the key.
3 His friend used his bike.
4 He didn't use his bike today.

No. 22
1 At home.   2 At school.
3 Her aunt's house. 4 Her sister's house.

No. 23
1 $50.   2 $20.
3 $3.   4 $23.

No. 24
1 At a city hall.   2 At school.
3 At a sports gym. 4 At a hospital.

No. 25
1 Enter a music school.
2 Take part in a contest.
3 Start practicing the violin.
4 Buy a new violin.

No. 26
1 His second bike. 2 A child's bike.
3 His cousin's bike. 4 A cycling helmet.

No. 27	1	His favorite sport.
	2	His new soccer ball.
	3	His favorite dinner.
	4	A new member of the team.

No. 28	1	He did his homework all day.
	2	He studied for a test.
	3	He played baseball.
	4	He watched baseball games.

No. 29	1	She went to the zoo.
	2	She visited her grandparents.
	3	She got an animal.
	4	She drew a brown and white picture.

No. 30	1	Cloudy.	2	Sunny.
	3	Rainy.	4	Snowy.

スピーキングテストって どんなことをするの？

● なぜ始まったの？

近年，日本の英語教育では，「読む」「聞く」「書く」「話す」をバランスよく身につけ，使える英語力をつけることが，重要視されるようになってきています。4級でも「話す力」を測るために2015年よりスピーキングのテストが追加されました。

● テストの形式は？

パソコンを使った録音形式で行われます。面接委員との対面式ではありません。スピーキングテストは，画面に提示された英文（パッセージ）の黙読・音読のあとに，英語の質問に答えるという形式で行われます。

● 4級スピーキングテストの流れ

1 問題カードの黙読（20秒間）

▼ 英文とイラストが画面に提示され，First, please read the passage silently for 20 seconds.（まず，20秒間英文を声に出さずに読みなさい。）のように，英文を黙読するように指示されます。音読に備え，英文の意味を理解しておきましょう。

2 問題カードの音読

▼ 次に，All right. Now, please read it aloud.（では，声に出して読みなさい。）のように，英文を音読するように指示されます。意味のまとまりを意識して読むように心がけましょう。

3 問題カードを見ながら質問に答える

▼ 音読が終わると，質問に移ります。質問には，主語と動詞のある完全な文で答えるようにしましょう。What（何）やWhen（いつ）などのような疑問詞をしっかり聞き取ることがポイントです。

4 あなた自身についての質問に答える

▼ Do you like sports?（あなたはスポーツが好きですか。）などのように，受験者自身のことについて質問されます。質問には，主語と動詞のある完全な文ではっきり答えるようにしましょう。

120

スピーキングテストを
受けるための準備

ここでは、スピーキングテストを受験するにあたって、必要なものや準備しておくものを紹介します。家や学校などで好きなときに受験できます。(ただし、受験回数は、1回の申し込みにつき1回のみ。)

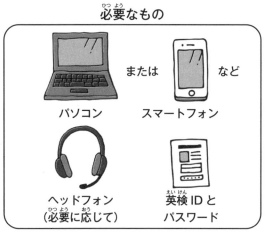

動作環境について
英検のホームページでは、パソコンが正しく動作するかどうかを事前に確認することができます。

受験方法

1 ログインして、受験する級を選ぶ
▼　ログインするときには、英検IDとパスワードを入力します。

2 テスト前の動作環境をチェックする
▼　通信環境、パソコンの動作環境などのチェックをします。
　　音量などの調節や、録音できるかどうかの確認もします。

3 テストのそれぞれの画面についての説明を聞く
▼　テストで表示される画面や形式などについての説明を聞きます。
　　テストをどんな手順で進めればいいのかをしっかり確認しましょう。

4 テスト開始!
▼　確認した手順にしたがって、テストを受けましょう。
　　あせらずに落ち着いて、テストにのぞみましょう。

これをやれば受かる！
とっておきアドバイス

● **英文を読むときは，落ち着いてはっきりと**

音読するときには，速く読む必要はありません。スピードを意識しすぎず，はっきりとていねいに読むことを心がけましょう。

● **文と文の間を少しあけて読む**

全部の文を区切りなく続けて読むのではなく，文と文の間やコンマ(,)のあとは，少し間をあけて読むようにしましょう。

● **問題カードのイラストをよく見る**

質問では，イラストの内容に関することも問われます。イラストにはどんな人物・動物がいて，どこで何をしているかなどをよく確認しておきましょう。答えはカードの中にあるので，あせらずにイラストと文をよく見て答えましょう。

● **一度で聞き取れなくてもあせらない**

「質問が聞き取れなかった！」と，あわてなくても大丈夫！ 質問は，2回まで聞くことができます。落ち着いて，再度質問を聞くようにしましょう。質問を聞き取るときは，最初の疑問詞に注意して聞きましょう。

※スピーキングテストの内容は変更になる場合があります。最新の情報は，英検を実施している公益財団法人 日本英語検定協会 のウェブサイト https://www.eiken.or.jp/ を確認してください。

次のページで，実際に問題を解いてみよう。

スピーキングテスト [予想問題 1]

次の英文の黙読と音読をしたあと，質問に答えなさい。

Mike's Favorite Thing

Mike is in the art club. He goes to the club every Thursday. He is good at painting pictures of flowers. Mike wants to study art in Italy someday.

Questions

No.1　Please look at the passage.
　　　When does Mike go to the art club?
No.2　Where does Mike want to go someday?
No.3　Please look at the picture. What is the girl doing?
No.4　Do you want to go to Italy?
　　　　　Yes.と答えた場合 → What do you want to do there?
　　　　　No.と答えた場合 → What country do you want to go to?

123

スピーキングテスト [予想問題2]

次の英文の黙読と音読をしたあと，質問に答えなさい。

Susan's Summer Holiday

Susan likes summer the best. She is going to visit Hawaii with her family this summer. Susan wants to swim with dolphins in the sea in the future.

Questions

No.1　Please look at the passage.
　　　Where will Susan and her family visit this summer?
No.2　What does she want to do with dolphins?
No.3　Please look at the picture. What is the boy doing?
No.4　Do you like to swim?
　　　　Yes.と答えた場合 → Where do you usually swim?
　　　　No.と答えた場合 → What sport do you like to play?

スピーキングテスト[予想問題1]の解答例と解説

問題カードの訳

マイクの大好きなこと

マイクは美術部に入っています。彼は毎週木曜日にクラブに行きます。彼は花の絵をかくことが得意です。マイクはいつかイタリアで美術の勉強をしたいと思っています。

No.1

質問の訳 英文を見てください。マイクはいつ美術部に行きますか。

解答例
He goes (to the club) every Thursday.
[訳] 彼は毎週木曜日に(クラブに)行きます。

解説 質問がWhenで始まっているので,「時」を答えます。また, 答えの文では主語はHe, Sheなどの代名詞を使うことにも注意しましょう。2文目にマイクがクラブに行くのはevery Thursdayと書かれています。every Thursdayをon Thursdaysとしてもかまいません。

No.2

質問の訳 マイクはいつかどこへ行きたいと思っていますか。

解答例
He wants to go to Italy (someday).
[訳] 彼は(いつか)イタリアに行きたいと思っています。

解説 質問がWhereで始まっているので,「場所」を答えます。wants to go to ~(~へ行きたい)を使って, マイクの行きたい場所を答えます。4文目に「マイクはいつかイタリアで美術の勉強をしたい」とあることから,「イタリア」だと判断できます。

No.3

質問の訳 絵を見てください。女の子は何をしていますか。

解答例
She is washing her (paint) brush.
[訳] 彼女は絵筆を洗っています。

解説 イラストの人物が何をしているかを答えます。現在進行形の疑問文なので, 答えの文でも現在進行形を使います。絵の女の子は絵筆を洗っているところです。「絵筆を洗う」はwash her (paint) brushです。

125

No.4
質問の訳

あなたはイタリアに行きたいですか。

Yes.と答えた場合 → あなたはそこで何をしたいですか。

No.と答えた場合 → あなたはどの国に行きたいですか。

解答例

Yes. : I want to visit art museums.
[訳] 私は美術館を訪れたいです。

No. : I want to go to France.
[訳] 私はフランスへ行きたいです。

解説

4つ目の質問では, あなた自身に関する質問が出されます。Do you ～? の質問には, 画面上でYesかNoどちらかの答えを選択します。

Yes.と答えた場合, 次に「したいこと」をたずねられています。want to ～(～したい)を使って答えます。自分のことなので, 主語はIになります。

No.と答えた場合, 次に「行きたい国」をたずねられています。want to go to ～(～へ行きたい)を使って, 自分の行きたい国を答えます。

126

スピーキングテスト[予想問題2]の解答例と解説

問題カードの訳

スーザンの夏休み

スーザンは夏が一番好きです。彼女は今年の夏は，家族とハワイを訪れる予定です。スーザンは将来，海でイルカといっしょに泳ぎたいと思っています。

No.1
質問の訳　英文を見てください。スーザンと彼女の家族は今年の夏にどこを訪れるでしょうか。

> **解答例**
> They will visit Hawaii.
> [訳] 彼女らはハワイを訪れるでしょう。

解説　質問がWhereで始まっているので，「場所」を答えます。2文目にsheが主語で，is going to visit Hawaiiとあります。質問の文では，主語がSusan and her familyになって，さらにis going toがwillと言いかえられていることに注意しましょう。

No.2
質問の訳　彼女はイルカと何をしたいですか。

> **解答例**
> She wants to swim with them in the sea.
> [訳] 彼女は海でイルカといっしょに泳ぎたいです。

解説　「スーザンがイルカとしたいこと」を聞かれています。最後の文に，スーザンのしたいことが書かれているので，その部分を使って答えましょう。with themは，with dolphinsとしてもよいでしょう。

No.3
質問の訳　絵を見てください。男の子は何をしていますか。

> **解答例**
> He is running (on the beach) with his dog.
> [訳] 彼は犬といっしょに(浜辺を)走っています。

解説　イラストにかかれた男の子がしていることを，現在進行形を使って答えます。イラストを見ると，「(浜辺を)犬といっしょに走っている」ところです。is running (on the beach) with his[the] dogと表します。

127

No.4
質問の訳

あなたは泳ぐことが好きですか。

Yes.と答えた場合 → あなたはたいていどこで泳ぎますか。

No.と答えた場合 → あなたはどんなスポーツをすることが好きですか。

解答例

Yes. : I usually swim in the pool.
[訳] 私はたいていプールで泳ぎます。

No. : I like to play tennis.
[訳] 私はテニスをすることが好きです。

解説

この質問には，自分自身のことを答えます。Do you like ～?の質問には，画面上でYesかNoどちらかの答えを選択します。

Yes.と答えた場合，次に「ふだん泳いでいる場所」をたずねられています。泳ぐ「場所」をinを使って具体的に答えます。「プールで」ならin the (swimming) pool，「海で」ならin the sea，「川で」ならin the riverとなります。

No.と答えた場合，次に「することが好きなスポーツ」をたずねられています。like to play ～（～をすることが好き）を使って，自分の好きなスポーツを答えます。「スキーをすることが好き」や「スケートをすることが好き」と答える場合は，playは使わず，I like to ski.やI like to skate.と答えます。

128

解答と解説

英検® 2021年度

4級 過去問題集

Gakken

CONTENTS

2021年度 英検4級過去問題集 解答と解説

2020年度	第1回	————————	p.003
	第2回	————————	p.033
2019年度	第1回	————————	p.063
	第2回	————————	p.093
	第3回	————————	p.123
合格力チェックテスト		————————	p.153

英検 4 級

2020年度・第1回 解答と解説

筆記 [p.014 － p.023]

1
(1) 2	(2) 2	(3) 1	(4) 1	(5) 3
(6) 2	(7) 4	(8) 2	(9) 4	(10) 1
(11) 2	(12) 4	(13) 1	(14) 1	(15) 4

2
(16) 3	(17) 2	(18) 2	(19) 4	(20) 1

3
(21) 2	(22) 1	(23) 1	(24) 2	(25) 2

4A
(26) 1	(27) 4

4B
(28) 4	(29) 1	(30) 3

4C
(31) 4	(32) 1	(33) 3	(34) 4	(35) 2

リスニング [p.024 － p.029]

第1部
[No.1] 3	[No.2] 3	[No.3] 1	[No.4] 1	[No.5] 2
[No.6] 3	[No.7] 2	[No.8] 3	[No.9] 1	[No.10] 1

第2部
[No.11] 3	[No.12] 3	[No.13] 4	[No.14] 2	[No.15] 1
[No.16] 3	[No.17] 1	[No.18] 4	[No.19] 2	[No.20] 2

第3部
[No.21] 2	[No.22] 4	[No.23] 4	[No.24] 4	[No.25] 1
[No.26] 1	[No.27] 2	[No.28] 3	[No.29] 3	[No.30] 4

1

(問題　p.014 〜 015)

(1) サッカーは私の学校ではとても人気があります。多くの生徒がそれをします。

1 寒い　　2 人気がある　　3 少ない　　4 小さい

✎ サッカーがどんなものかを説明するのにふさわしい形容詞を選ぶので，**2**が適切です。

📖 **WORDS&PHRASES**
☐ many ― 多くの　　☐ play ―(球技)をする　　☐ popular ― 人気がある

(2) *A:* 明日ピクニックに行こうよ，お父さん。
B: いいよ。もし晴れたら行こう。

1 雪の多い　　2 晴れた　　3 雨の　　4 嵐の

✎ ピクニックに行こうと誘われた父親が承諾していることから，ピクニックにふさわしい天気が答えとなります。よって「晴れた」という意味の**2**が適切です。

📖 **WORDS&PHRASES**
☐ Let's 〜. ― 〜しよう。　　☐ go on a picnic ― ピクニックに行く　　☐ if 〜 ― もし〜なら

(3) *A:* 空港までの道がわかりません。
B: 心配しないで。ここに地図がありますよ。

1 心配する　　2 夢を見る　　3 決心する　　4 説明する

✎ 道がわからないと言ったAに対してBは I have a map(地図を持っている)と言って安心させているので，Don't worry.(心配しないで。)となる**1**が適切です。

📖 **WORDS&PHRASES**
☐ way ― 道　　☐ airport ― 空港　　☐ Don't 〜. ― 〜しないで。

(4) *A:* あなたの名前を教えてもらえますか。
B: ごめんなさい。私は上手に英語を話すことができません。もっとゆっく

004

り話してもらえますか。

1 ゆっくりと　　2 早く　　3 幸運にも　　4 悲しいことに

✓ Bが英語で話しかけられて，英語がうまく話せないと伝えたあとに Can you please 〜?（〜してくれますか。）とお願いしています。speak（話す）を説明する語として**1**が適切です。

📖 WORDS&PHRASES
□ speak — 話す　　□ well — 上手に　　□ Can you 〜? — 〜してくれますか。

---

(5) 今朝，ボブは遅く起きて（寝坊して），バス停まで走りました。

1 stand（立つ）の過去形　　2 say（言う）の過去形
3 run（走る）の過去形　　4 grow（育てる）の過去形

✓ to the bus stop（バス停へ）につながる動詞として**3**が適切です。直前のgot up late（遅く起きた）のあとの行動としても自然です。

📖 WORDS&PHRASES
□ got up — get up（起きる）の過去形　　□ late — 遅く　　□ bus stop — バス停

---

(6) 今日ジョーは放課後サッカーの練習がありました。彼はとても疲れたので，早く寝ました。

1 便利な　　2 疲れた　　3 正しい　　4 長い

✓ サッカーの練習があり早く寝たと言っていることから，その理由として tired（疲れた）とある**2**が適切です。so（だから）の前には「理由」，あとには「結果」を表す文がきます。

📖 WORDS&PHRASES
□ practice — 練習　　□ after school — 放課後　　□ went — go（行く）の過去形

---

(7) A: あーあ！　雨が降っているよ。
B: 大丈夫。コンピューターゲームをしよう。

1 食事　　2 主張，要点　　3 夢　　4 ゲーム

✓ 直前の play a computer につながる語として**4**が適切です。

WORDS&PHRASES

□ **Oh no!**─あーあ！（落胆を表す）　□ **rain**─雨が降る　□ **That's OK.**─大丈夫。

---

(8)　*A:* あなたのお兄［弟］さんは私たちと映画に行けるの？

　　B: いいえ。彼は勉強しなければいけないの。

　1 take（連れて行く）の3人称単数現在形

　2 have to（〜しなければならない）の3人称単数現在形

　3 make（〜を作る）の3人称単数現在形

　4 hear（〜を聞く）の3人称単数現在形

- -

☑　空所のあとにto studyがあることから，〈to＋動詞の原形〉が続く動詞を考えると**2**が適切です。〈have to＋動詞の原形〉で「〜しなければならない」の意味です。

WORDS&PHRASES

□ **movie**─映画　□ **has to 〜**─have to 〜（〜しなければならない）の3人称単数現在形

---

(9)　リサと彼女の文通友だちのユミは毎月お互いに手紙を書いています。

　1（肯定文で）どんな〜でも　　**2** 両方（とも）

　3 自分自身の　　　　　　　　　**4** 他のもの，（each otherで）お互い（に）

- -

☑　each otherで「お互いに」という意味を表すので，**4**が適切です。他の選択肢はeachとはつながりません。

WORDS&PHRASES

□ **pen pal**─文通友だち　□ **each other**─お互い　□ **every month**─毎月

---

(10)　*A:* これらのトマトを食べたくないわ，お母さん。

　　B: 食べなさい。それらはあなたにとっていいものよ。

　1 〜にとって　　**2** 〜の　　**3** 上に　　**4** 〜の前に

- -

☑　be good for 〜で「〜にとって良い」という意味を表すので，**1**が適切です。この文はトマトを食べたがらないAをBが説得している内容です。

📖 WORDS&PHRASES

□ **want to** 〜 — 〜したい　　□ **eat** — 〜を食べる　　□ **tomato** — トマト

(11) *A:* ティナは本当にメアリーによく似ています。彼女たちは姉妹ですか。

B: はい，でもメアリーが2歳年上です。

1 bring（〜を持ってくる）の3人称単数現在形

2 （look like 〜で）〜のように見える

3 meet（〜に会う）の3人称単数現在形

4 put（〜を置く）の3人称単数現在形

☑ look like 〜で「〜のように見える」という意味を表すので，2が適切です。このlikeは動詞でなく前置詞です。注意しましょう。

📖 WORDS&PHRASES

□ **really** — 本当に　　□ **look like** 〜 — 〜のように見える　　□ **sisters** — 姉妹

(12) *A:* お母さん，今夜DVDを見ることができる？

B: ええ。それでいいわよ。

1 きれいな　　2 健康な　　3 やわらかい　　4 結構な

☑ That's fine with me. で「それでいいですよ。」という意味を表すので，4が適切です。相手の提案に対して同意するときに使う表現です。

📖 WORDS&PHRASES

□ **can** — 〜できる　　□ **tonight** — 今夜　　□ **That's fine with me.** — それでいいです。

(13) *A:* 学校で大好きな教科は何ですか。

B: 数学です。それは私にとって最も面白い教科です。

1 最上級を表す most

2 比較級を表す more

3 多くの（あとに複数名詞が続く）

4 多くの（あとに数えられない名詞〈単数名詞〉が続く）

☑ the most interesting で，「最も面白い」という interesting の最上級の意味を表すので，1が適切です。

WORDS&PHRASES
□ favorite—大好きな　□ subject—教科，科目　□ interesting—面白い

(14) *A:* ビルの誕生日は来週よ。彼に何を買うつもり？
B: 新しいテニスラケットよ。彼はラケットが必要なの。

1　〜するつもりである　　　　2　〜をする
3　〜を持っている　　　　　　4　be動詞の原形

☑ 来週のビルの誕生日に何を買うかをたずねる疑問文なので，「〜する
つもりだ」の**1**が適切です。willは「〜するつもりだ，〜する予定だ」
という意味の助動詞です。

WORDS&PHRASES
□ birthday—誕生日　□ buy—〜を買う　□ need—〜を必要としている

(15) 今日の午後，私は友だちとサッカーをする予定です。
1　play（〈球技〉をする）の原形　　2　playの3人称単数現在形
3　playのing形　　　　　　　　　　4　to＋playの原形

☑ 〈be going to ＋動詞の原形〉で「〜する予定である」という意味を表
すので，**4**が適切です。

WORDS&PHRASES
□ be going to 〜——〜する予定だ　□ this afternoon—今日の午後

2

(問題 p.016)

(16)
息子: お母さん，クッキーある？
母親: ごめんね，1枚もないわ。でもクラッカーはあるわよ。

 1 はい，どうぞ。   2 何枚かあるわ。
 3 1枚もないわ。   4 あなたはそう思わないわ。

✓ 息子にクッキーがあるかと聞かれた母親が，空所の前でSorry（ごめんなさい）と言っていることから，クッキーがないことがわかるので，**3**が適切です。1は相手にものを渡すときの表現です。

📖 WORDS&PHRASES
□ **any**—（疑問文で）いくつかの，（否定文で）一つも〜ない

(17)
女性: すみません。バス停はどこですか。
男性: 角を曲がったところですよ。

 1 それは10時に来ます。 2 角を曲がったところですよ。
 3 その通りです。   4 自転車でです。

✓ Where 〜?（〜はどこですか。）と場所をたずねているので，Just around the corner.（角を曲がったところです。）と場所を答えている**2**が適切です。

📖 WORDS&PHRASES
□ **Excuse me.**— すみません。 □ **Just around the corner.**—角を曲がったところです。

(18)
娘: 今日放課後にサッカーの練習があるの。
母親: わかったわ。いつ家に帰ってくるの？
娘: 7時ごろよ。

 1 誰に会うの？   2 いつ家に帰ってくるの？
 3 スポーツは好き？   4 サッカーはできる？

✓ 娘が最後にAbout seven.（7時ごろよ。）と答えているので，時刻をたずねている**2**が適切です。

009

WORDS & PHRASES

□ practice — 練習　　□ about 〜 — 〜ごろ(に)　　□ get home — 家に着く

---

(19)　**少年:** この宿題難しいね。

　　少女: もう私の宿題は終わったので，**あなたを手伝うわよ。**

　　　　1　それを買います。　　　　2　お腹いっぱいよ。

　　　　3　今忙しいの。　　　　　　**4　あなたを手伝うわよ。**

- -

✓　自分の宿題を終えた少女が，宿題を難しいと言っている少年にかけている言葉なので，I'll help you.（あなたを手伝います。）という**4**が適切です。

WORDS & PHRASES

□ homework — 宿題　　□ finish — 〜を終える　　□ mine — 私のもの

---

(20)　**少女:** あのポスターを見て。あれは何語なの？

　　少年: **わからないなあ。**ブラウンさんに聞いてみよう。彼女はたくさんの言語を知っているよ。

　　　　1　わからないなあ。　　　　2　それは壁にかかっているよ。

　　　　3　時間がないんだ。　　　　　4　準備ができているよ。

- -

✓　少女に何語か聞かれた少年が，ブラウンさんに聞いてみようと言っていることから，I have no idea.（わからない。）の**1**が適切です。

WORDS & PHRASES

□ language — 言語　　□ ask — 〜にたずねる　　□ I have no idea. — わからない。

010

3

(問題 p.017)

(21) **Joseph, please (don't stand in front of) the TV.**

✓ 「～しないでください」は否定の命令文なので，〈don't +動詞の原形 ～.〉で表します。「～の前に」は in front of ～で表します。

(22) **Jason (is not good at math).**

✓ be good at ～で「～が得意である」という意味なので，ここでは not を is のあとに入れて「～が得意ではない」という否定文を作ります。

(23) **I (use this cup when I drink) tea.**

✓ 「紅茶を飲む時は」の部分は，when I drink tea となります。〈接続詞 when + S + V〉で「～するとき」という意味になります。残りの選択肢 use と this cup は文頭の I に続きます。

(24) **I (looked at this photo again and) again.**

✓ 「～を見る」は look at ～,「何度も」は again and again で表します。

(25) **(What kind of clothes do) you want for your birthday?**

✓ 「どんな服」は「どんな種類の服」と考えて，What kind of clothes で表します。これが疑問詞となり，そのあとに一般動詞の疑問文が続きます。最後に do が置かれ，do you want ～? となります。

011

4A

(問題　p.018～019)

本文の意味

リーのレストラン
ここで一番の食事をしよう！

平日の特別料理

野菜添えフライドフィッシュ…10 ドル

チキンとライス…12 ドル

㉖平日の特別料理を注文すると，飲み物はそれぞれ 2 ドルになります。

本日の特別料理

ローストビーフサンドイッチとスープ（たまねぎかとうもろこし）…14 ドル

グリーンサラダとフレッシュジュース…6 ドル

㉗月曜日から土曜日
午前 10 時から午後9時まで開いています。

---

(26) 人々が平日の特別料理を注文すると，飲み物はいくらですか。

1 2ドルです。　　　　　　　　2 6ドルです。

3 10ドルです。　　　　　　　4 14ドルです。

- -

☑ 飲み物について書かれている下線部㉖に注目します。Drinks are $2 each …とあるので，正解は 1 です。

(27) リーのレストランは…に閉まっています。
1 毎週月曜日　　2 毎週火曜日　　3 毎週土曜日　　4 毎週日曜日

- -

☑ 営業日について書かれている下線部㉗に注目します。月曜日から土曜日は開店している曜日とあるので，4 が正解です。

📖 WORDS&PHRASES

□ weekday―平日　　　　□ fried fish―フライドフィッシュ（魚介類を揚げた料理）
□ vegetable―野菜　　　　□ drink―飲み物　　□ each―それぞれ
□ if ～―もし～なら　　　□ order―～を注文する　　□ roast beef―ローストビーフ
□ sandwich―サンドイッチ　　□ soup―スープ　　□ onion―たまねぎ
□ corn―とうもろこし　　□ salad―サラダ　　□ juice―ジュース
□ from A to B―AからBまで　　□ Monday―月曜日　　□ Saturday―土曜日

012

4B

（問題　p.020〜021）

本文の意味

送信者：ジェニー・ロバーツ
宛先：カレン・ミラー
日付：2月24日
件名：理科のテスト

....

こんにちは カレン，

元気？　私，具合が悪かったから，3日間学校に行けなかったの。でも明日は学校に戻るつもりよ。㉘金曜日に理科のテストがあるのよね。もう教科書は読んだの。㉙あなたの理科のノートを借りてもいいかしら？

またね，

ジェニー

送信者：カレン・ミラー
宛先：ジェニー・ロバーツ
日付：2月24日
件名：大丈夫

....

こんにちは ジェニー，

心配していたのよ。今は元気だといいのだけど！　フランクリン先生が授業で動物についてたくさん話してくださったの。あなたが私のノートを借りることはできるけれど，私にもっといい考えがあるの。明日か木曜日の放課後，一緒に勉強しましょう。㉚私の家で勉強できるわ。お母さんが今日クッキーを作ってくれたので，おやつに食べられるわ。放課後，食堂で会って，一緒に出ましょう。

またね，

カレン

㉘　ジェニーとカレンはいつ理科のテストがありますか。
　　1　今日です。　　　　　　　　　2　明日です。
　　3　木曜日です。　　　　　　　　4　金曜日です。

013

✏️ 下線部㉘に We have a science test on Friday. とあるので，正解は **4** です。

(29) ジェニーは何をしたいと思っていますか。
1 カレンのノートを借りたい。　　2 クッキーの作り方を学びたい。
3 教科書を買いたい。　　　　　　4 フランクリン先生と話したい。

- -

✏️ 下線部㉙に Can I borrow your（= Karen's）science notebook? とあるので，正解は **1** です。

(30) カレンはどこでテストの勉強をしたいと思っていますか。
1 食堂です。　　　　　　　　　2 理科室です。
3 自分の家です。　　　　　　　4 ジェニーの家です。

- -

✏️ 下線部㉚に We can study at my（= Karen's）house. とあるので，正解は **3** です。

📖 **WORDS&PHRASES**

□ **date** — 日付　□ **February** — 2月　□ **subject** — 件名　□ **sick** — 具合が悪い
□ **could** — can（〜できる）の過去形　□ **be back** — 戻る　□ **science** — 理科，科学
□ **test** — テスト　□ **Friday** — 金曜日　□ **already** — すでに
□ **textbook** — 教科書　□ **borrow** — 〜を借りる　□ **See you soon.** — またね。
□ **No problem.** — 問題ない。　□ **be worried** — 心配である
□ **I hope you feel better now.** — 今は元気だといいのですが。
□ **about** 〜 — 〜について　□ **animal** — 動物　□ **in class** — 授業で
□ **better** — **good**（良い）の比較級　□ **idea** — 考え　□ **together** — 一緒に
□ **Thursday** — 木曜日　□ **made** — **make**（〜を作る）の過去形　□ **snack** — おやつ
□ **meet** — 会う　□ **cafeteria** — 食堂　□ **leave** — 出発する，去る

4C

（問題 p.022 ～ 023）

本文の意味

タイラーの新しい趣味

　タイラーの家族は大きなテレビを持っていました。㉛タイラーは学校から帰ると，毎日何時間もテレビを見るのが好きでした。彼の母親はよく「自分の部屋に行って宿題をしなさい。」と言いました。㉜タイラーは宿題をするのが好きではなかったので，彼の母親はよく怒っていました。

　㉝昨年の9月，そのテレビが壊れました。タイラーはとても悲しかったです。彼は両親に「新しいテレビが欲しい。」と言いました。タイラーの父親は「多分，クリスマスに新しいものが買えるよ。」と言いました。

　その後，タイラーはテレビを見ることができなくなりました。だから，彼はたいてい学校から帰ると宿題をしました。時々，彼は図書館から借りてきた本を読みました。天気が良いときは，タイラーは友人たちと公園でサッカーをしました。㉞夕食後，彼はラジオを聞き，両親と話をしました。

　クリスマスの朝，タイラーと両親はいくつかのプレゼントを開けました。㉟そのプレゼントの一つが新しいテレビでした。タイラーは，またテレビを見ることができるので嬉しかったですが，新しい趣味も楽しんでいます。

(31) 毎日学校から帰ると，タイラーは…ことが好きでした。
　1　友人とスポーツをする　　　　2　図書館で勉強する
　3　母親の夕食の手伝いをする　　4　何時間もテレビを見る

- -

☑　下線部㉛に Tyler liked to watch TV for many hours every day after school. とあるので，正解は4です。

(32) なぜタイラーの母親はよく怒っていたのですか。
　1　タイラーが宿題をするのが好きでなかったからです。
　2　タイラーがいつも図書館の本をなくしたからです。
　3　彼女が大好きなテレビ番組を見ることができなかったからです。
　4　彼女は毎日夕食を作りたくなかったからです。

- -

☑　下線部㉜の so の前が理由となります。Tyler didn't like to do his

015

homework とあるので，正解は **1** です。

(33) 昨年の9月に何が起こりましたか。
1 タイラーがサッカーの靴をなくしました。
2 タイラーが友人へのプレゼントを買いました。
3 タイラーの家族のテレビが壊れました。
4 図書館が閉館になりました。

📝 下線部㉝に Last September, the TV broke. とあるので，正解は **3** です。

(34) タイラーはいつラジオを聞きましたか。
1 朝食前です。 2 昼食の間です。
3 夕食の間です。 4 夕食後です。

📝 下線部㉞に After dinner, he listened to the radio …とあるので，正解は **4** です。

(35) クリスマスの朝，なぜタイラーは嬉しかったのですか。
1 両親が新しい趣味を始めたからです。
2 彼の家族が新しいテレビを手に入れたからです。
3 彼は父親とサッカーをしたからです。
4 彼は何冊か本を読んだからです。

📝 下線部㉟にクリスマスプレゼントの一つが新しいテレビで，Tyler was happy because he could watch TV again とあるので，正解は **2** です。

📖 WORDS&PHRASES

□ hobby — 趣味　　□ family — 家族　　□ had — have（〜を持っている）の過去形
□ hour — 時間　　□ often — しばしば　　□ said — say（言う）の過去形
□ angry — 怒って　　□ last 〜 — この前の〜　　□ September — 9月
□ broke — break（壊れる）の過去形　　□ sad — 悲しい　　□ parents — 両親
□ maybe — 多分　　□ Christmas — クリスマス　　□ usually — たいてい
□ got home — get home（帰宅する）の過去形　　□ library — 図書館
□ weather — 天気　　□ nice — 良い　　□ park — 公園　　□ radio — ラジオ
□ talk with 〜 — 〜と話す　　□ because 〜 — 〜なので　　□ again — また

リスニングテスト第1部　(問題 p.024～025)

〈例題〉

A: Hi, my name is Yuta.　「やあ，ぼくの名前はユウタだよ。」
B: Hi, I'm Kate.　「こんにちは，私はケイトよ。」
A: Do you live near here?　「きみはこの近くに住んでいるの？」
　1　I'll be there.　1「そちらに行きます。」
　2　That's it.　2「それだわ。」
　3　Yes, I do.　3「ええ，そうよ。」

No.1

A: Excuse me, Mrs. Wallace.　「失礼します，ウォレス先生。」
B: Yes.　「はい。」
A: Can I ask you a question about our school trip?　「修学旅行について質問してもいいですか。」
　1　OK, see you then.　1「わかったわ，またあとで。」
　2　Sorry, it's in the teachers' room.　2「ごめんなさい，それは職員室にあるのよ。」
　3　Sure, please come in.　3「もちろん，入ってください。」

No.2

A: Did you enjoy the speech contest, Dad?　「スピーチコンテストは楽しかった，お父さん？」
B: Of course.　「もちろんだよ。」
A: How was my speech?　「私のスピーチはどうだった？」
　1　I saw your teacher.　1「先生にお会いしたよ。」
　2　It was in the school gym.　2「それは学校の体育館にあったよ。」
　3　You did very well.　3「とてもよくできたね。」

 How was ～?（～はどうでしたか。）と感想を聞かれているので，You did very well.（とてもよくできたね。）と言っている3が適切

です。

No.3

A: I'm here to see Mr. Jones. 「ジョーンズさんに会いに来ました。」
B: Your name, please? 「お名前をお願いします。」
A: Frank Johnson. 「フランク・ジョンソンです。」
  1 Please have a seat.   1「どうぞお座りください。」
  2 Ten minutes ago.   2「10分前でした。」
  3 Coffee and tea.   3「コーヒーと紅茶です。」

No.4

A: You're a good tennis player, Julie. 「テニスが上手だね，ジュリー。」
B: Thanks. 「ありがとう。」
A: How often do you play? 「どれくらいの頻度でするの？」
  1 Every day.   1「毎日よ。」
  2 With my friends.   2「友だちとよ。」
  3 When I was three.   3「私が3歳のときよ。」

How often ～？は頻度をたずねる疑問文なので，Every day.（毎日です。）と答えている1が適切です。

No.5

A: Your orange sweater is nice. 「あなたのオレンジのセーター素敵ね。」
B: Thanks. It's new. 「ありがとう。新しいんだ。」
A: Was it a present? 「プレゼント？」
  1 No, it's over there.   1「いや，あそこにあるよ。」
  2 No, I bought it online.   2「いや，ネットで買ったんだ。」
  3 No, it's too small.   3「いや，小さすぎるよ。」

No.6

A: Mom, when is dinner?
B: In about 20 minutes.
A: I'm hungry now.
   1　We're finished.
   2　Take some more.
   3　Have some fruit.

「お母さん，夕食はいつ？」
「約20分後よ。」
「お腹がすいたよ。」
   1「終わっているわよ。」
   2「もっと取りなさい。」
   3「果物を食べなさい。」

No.7

A: Dad, are you still reading the newspaper?
B: No. Why?
A: Can I borrow it?
   1　It's the newspaper.
   2　Of course.
   3　On page 12.

「お父さん，まだ新聞読んでる？」
「いや。どうしてだい？」
「借りてもいい？」
   1「それは新聞だよ。」
   2「もちろんだよ。」
   3「12ページにだよ。」

📝　Can I ～?（～していいですか。）と許可を求められているので，Yesを表すOf course.（もちろん。）の**2**が適切です。

No.8

A: I'm going to bed, Mom.
B: It's so early!
A: Yes, but I'm really tired.
   1　No, it's too late.
   2　Right, after dinner.
   3　OK, good night.

「寝るね，お母さん。」
「ずいぶん早いわね！」
「そうなんだけど，すごく疲れていて。」
   1「いいえ，遅すぎるわ。」
   2「そう，夕食後ね。」
   3「わかったわ，おやすみなさい。」

No.9

🔊
A: Can I help you?
B: I'm looking for some winter gloves.
A: Are they for you?
  1　No, they're for my father.
  2　A bigger size.
  3　Yes, they were expensive.

「お手伝いしましょうか。」
「冬用の手袋を探しています。」
「あなた用ですか。」
　1　「いいえ，父のためのものです。」
　2　「もっと大きいサイズです。」
　3　「はい，それは値段が高かったです。」

No.10

🔊
A: These boxes are for you, Kate.
B: Thanks, Peter.
A: Where should I put them?
  1　Next to the window, please.
  2　I don't think so.
  3　Yes, it was last week.

「これらの箱はきみにだよ，ケイト。」
「ありがとう，ピーター。」
「どこに置いたらいいかな？」
　1　「窓の隣にお願いします。」
　2　「そうは思わないわ。」
　3　「はい，それは先週でした。」

　Where ~?と場所を聞かれているので，Next to ~（~の隣）と答えている1が適切です。その他の選択肢は場所を答えていません。

リスニングテスト第2部   (問題 p.026〜027)

No.11

A: What time is it, Pam?
B: It's 4:30, Dad.
A: Clean your room. Your mom will come home at five.
B: OK.

Question **When will Pam's mother come home?**

A: 今何時だい，パム？
B: 4時30分だよ，お父さん。
A: 自分の部屋を掃除しなさい。お母さんは5時に帰ってくるよ。
B: わかったよ。

質問 パムの母親は何時に帰宅しますか。

1　4時です。　　　　　　　　2　4時30分です。
3　5時です。　　　　　　　4　5時30分です。

 父親が最後にYour mom will come home at five.（お母さんは5時に帰ってくるよ。）と言っているので，**3**が適切です。数字を正確に聞き取れるようにしましょう。

No.12

A: When is your brother's birthday, Jenny?
B: It's tomorrow, Steve.
A: Did you buy a present for him?
B: Yes. He likes books, so I bought him one about animals.

Question **Who will have a birthday tomorrow?**

A: きみのお兄[弟]さんの誕生日はいつなの，ジェニー？
B: 明日よ，スティーブ。
A: 彼にプレゼントは買ったの？
B: ええ。彼は本が好きなので，動物に関する本を1冊買ったわ。

質問 誰が明日誕生日を迎えますか。

1 ジェニーです。	2 スティーブです。
3 ジェニーの兄[弟]です。	4 スティーブの兄[弟]です。

☑ お兄[弟]さんの誕生日はいつかと聞かれたジェニーがIt's tomorrow（明日よ）と答えていることから，明日はジェニーの兄[弟]の誕生日だとわかるので，**3** が適切です。

No.13

🔊 *A:* Are you going out?

B: Yes. To the sports store to buy a baseball glove.

A: OK. See you later.

B: Bye.

Question **Where is the boy going now?**

A: 出かけるの？

B: うん。野球のグローブを買いにスポーツ店に行くんだよ。

A: そう。またね。

B: じゃあね。

質問 **少年は今どこに向かっているのですか。**

1 学校へ。	2 彼の友人の家へ。
3 野球場へ。	4 スポーツ店へ。

☑ 出かけるのかと声をかけられた少年が，To the sports store …（スポーツ店に…）と答えているので，**4** が適切です。

No.14

🔊 *A:* What are you doing, Brian?

B: I'm building a doghouse.

A: But you don't have a dog.

B: I'm going to get one next month.

Question **What will Brian do next month?**

A: 何をしているの，ブライアン？

B: 犬小屋を建てているんだ。

A: でも，あなたは犬を飼っていないじゃない。

B: 来月手に入れる予定なんだ。

質問 ブライアンは来月何をするつもりですか。

1　犬小屋を買います。　　　**2　犬を手に入れます。**

3　友人と遊びます。　　　　4　動物園を訪れます。

📝 犬小屋を建てているときに，犬を飼っていないことを指摘されたブライアンが I'm going to get one next month.（来月手に入れる予定だ。）と言っており，one は a dog を表すので，**2** が適切です。

No.15

🔊 *A:* How are you, David?

B: Not very good.

A: Why? Are you sick?

B: No, I ate too much pizza for lunch.

Question **What is David's problem?**

A: 元気，デイビッド？

B: あまり元気ではないんだ。

A: なぜ？　具合が悪いの？

B: いや，お昼にピザを食べ過ぎてしまったんだ。

質問 デイビッドの抱えている問題は何ですか。

1　彼は食べ過ぎました。　　2　彼は風邪を引いていました。

3　彼は遅く寝ました。　　　4　彼はピザが好きではありません。

📝 具合が悪いのかと聞かれた少年が，I ate too much pizza for lunch.（お昼にピザを食べ過ぎた。）と答えているので，**1** が適切です。

No.16

🔊 *A:* Let's go fishing tomorrow.

B: Sorry, I have an English lesson.

A: But tomorrow is Saturday.

B: I take English lessons on weekends.

Question **Why won't the boy go fishing tomorrow?**

- -

A: 明日一緒に釣りに行こうよ。

B: ごめん，明日は英語の授業があるんだ。

A: でも，明日は土曜日よ。

B: 週末に英語の授業を受けているんだ。

質問 **なぜ少年は明日釣りに行かないつもりなのですか。**

1 彼は宿題をしなければなりません。

2 彼は昨日釣りに行きました。

3 彼は英語の授業を受けるつもりです。

4 彼は釣りが好きではありません。

- -

✓ 釣りに誘われた少年が，Sorry, I have an English lesson.（ごめん，明日は英語の授業があるんだ。）と答えているので，**3** が適切です。

No.17

A: Excuse me. I want to go to the art museum. Can I walk there?

B: No, it's very far. You should take a bus.

A: OK, I will. Thanks.

B: You're welcome.

Question **What will the man do?**

- -

A: すみません。美術館に行きたいんです。そこまで歩けますか。

B: いいえ，とても遠いですよ。バスに乗った方がいいですよ。

A: わかりました，そうします。ありがとうございます。

B: どういたしまして。

質問 **男性は何をするつもりですか。**

1 バスに乗ります。　　　　2 助けを求めます。

3 美術の授業を受けます。　　4 美術館まで歩きます。

- -

✓ OK, I will.（わかりました，そうします。）は女性からの You should

024

take a bus.（バスに乗った方がいいですよ。）というアドバイスを受けて言った言葉です。willのあとにはtake a busが省略されていることがわかるので，**1**が適切です。

No.18

A: Did you get new glasses, Bobby?

B: Yes, Ms. Walker.

A: Did you lose your old ones?

B: No, they broke.

Question **What are they talking about?**

- -

A: 新しい眼鏡を買ったの，ボビー？

B: はい，ウォーカーさん。

A: 古い眼鏡をなくしたの？

B: いいえ，壊れてしまったんです。

質問 **彼らは何について話していますか。**

1 ウォーカーさんの姉[妹]についてです。

2 ウォーカーさんの教室についてです。

3 ボビーの宿題についてです。

4 ボビーの眼鏡についてです。

- -

◢ new glasses（新しい眼鏡）を買ったのかとたずねられたボビーが，Yes（はい）と答え，そのあとで… they broke.と古い眼鏡が壊れたとも言っていることから，終始ボビーの眼鏡が話題になっていることがわかるので，**4**が適切です。they brokeのtheyはyour old onesを指し，onesはglassesを表しています。

No.19

A: What's in that box, Amy?

B: Some Christmas cookies. I made them yesterday.

A: Can I have one?

B: Sure, help yourself.

Question **What did Amy do yesterday?**

- -

025

A: あの箱の中には何が入っているの，エイミー？

B: クリスマスのクッキーよ。昨日作ったの。

A: 一枚食べてもいい？

B: もちろん，ご自由にどうぞ。

質問 **エイミーは昨日何をしましたか。**

1 彼女は買い物に行きました。

2 **彼女はクッキーを作りました。**

3 彼女は男性の家を訪れました。

4 彼女はクリスマスパーティーを開きました。

📝 女性が I made them yesterday.（昨日作ったの。）と言っていますが，them は直前の文の Christmas cookies（クリスマスのクッキー）を指すことがわかるので，2が適切です。

No.20

🔊

A: You're 10 minutes late, Frank.

B: I'm sorry, Ms. Olsen. The train didn't come.

A: Oh. Did your mother drive you to school?

B: No, I walked.

Question **How did Frank go to school today?**

A: 10分遅刻よ，フランク。

B: すみません，オルセン先生。電車が来ませんでした。

A: あら。お母さんが学校まで車で送ってくれたの？

B: いいえ，歩いてきました。

質問 **フランクは今日，どのように学校に行きましたか。**

1 彼は電車に乗りました。

2 **彼は歩きました。**

3 彼の母親が彼を連れていきました。

4 オルセン先生が彼を連れていきました。

📝 母親に車で送ってもらったかを聞かれたフランクが，No, I walked.（いいえ，歩いてきました。）と答えているので，2が適切です。

026

リスニングテスト第3部

（問題　p.028〜029）

No.21

Cassie went to the fruit shop this evening. She bought some bananas. She wanted to buy some grapes and strawberries, too, but they didn't have any.

Question **What did Cassie buy?**

キャシーは今日の夕方果物屋さんに行きました。彼女はバナナを買いました。彼女はぶどうといちごも買いたかったのですが，売っていませんでした。

質問 **キャシーは何を買いましたか。**

1　ぶどうです。　　　　　　　　2　バナナです。

3　ブルーベリーです。　　　　　4　いちごです。

✎　2文目でShe bought some bananas.（彼女はバナナを買いました。）と言っているので，2が適切です。1と4は買いたかったけれども売っていなかったものです。

📖 WORDS&PHRASES
□ **went**—**go**（行く）の過去形　　□ **bought**—**buy**（〜を買う）の過去形

No.22

A new student came to my class last month. His name is David. We both like volleyball, so we'll go and watch a volleyball game this Saturday.

Question **What will the boy do this Saturday?**

新しい生徒が先月ぼくのクラスにやって来ました。彼の名前はデイビッドです。ぼくたちは2人ともバレーボールが好きなので，今週の土曜日にバレーボールの試合を見に行くつもりです。

質問 **少年は今週の土曜日に何をするつもりですか。**

1　デイビッドの家を訪れます。　2　新しい学校に行きます。

3　バレーボールをします。　　　4　バレーボールの試合を見ます。

✎ 最後の文で… we'll go and watch a volleyball game this Saturday.（今週の土曜日にバレーボールの試合を見に行くつもりです。）と言っていることから，**4**が適切です。

📖 WORDS&PHRASES
□ came―come（来る）の過去形　　□ last month―先月　　□ both―両方とも

No.23

🔊 Class, we're going to go to the zoo tomorrow. Please bring your lunch and don't forget to wear a hat. It'll be hot and sunny.

Question **What is the woman talking about?**

クラスの皆さん，私たちは明日動物園に行く予定です。お昼を持ってきてください，そして帽子をかぶるのを忘れないでください。（明日は）暑くなって晴れそうです。

質問 **女性は何について話していますか。**
1 今日の天気についてです。　　2 新しい学校の制服についてです。
3 レストランについてです。　　**4 動物園への遠出についてです。**

✎ 最初に，女性がクラスに向かって we're going to go to the zoo tomorrow. と明日動物園に行くことを告げたあと，お昼を持ってくることや帽子をかぶること，明日の天候などについて話していることから，**4**が適切です。

📖 WORDS&PHRASES
□ zoo―動物園　　□ bring―～を持ってくる
□ forget to ～―～するのを忘れる

No.24

🔊 Tom went to his friend's house yesterday. He didn't come home until very late, so his father was angry.

Question **Why was Tom's father angry?**

トムは昨日友人の家に行きました。彼がかなり遅くまで家に帰らなかっ

たので，お父さんは怒っていました。

質問 なぜトムの父親は怒っていましたか。

1 トムが家の鍵をなくしたからです。

2 トムが自分の部屋を掃除しなかったからです。

3 トムが友人に電話しなかったからです。

4 トムが遅くに帰宅したからです。

✓ 2文目の so his father was angry の直前がトムの父親が怒った理由になります。He didn't come home until very late（彼はかなり遅くまで帰宅しなかった）とあるので，**4**が適切です。

📖 WORDS&PHRASES
□ **come home**—帰宅する　　□ **until** 〜—〜までずっと　　□ **angry**—怒っている

No.25

🔊 Bill likes reading. Sometimes he reads two or three books a week, but last week he only read one. It was a big book about Japan.

Question **How many books did Bill read last week?**

ビルは本を読むのが好きです。時々彼は一週間に2，3冊本を読みますが，先週は1冊読んだだけでした。それは日本についての大きな（厚い）本でした。

質問 ビルは先週何冊本を読みましたか。

1 1冊です。　　　　　　　　　　2 2冊です。

3 3冊です。　　　　　　　　　　4 たくさんです。

✓ 2文目の後半で，… last week he only read one. と言っています。one のあとに book が省略されているので，**1**が適切です。

📖 WORDS&PHRASES
□ **like** 〜**ing**—〜するのが好きだ　　□ **sometimes**—時々　　□ **only**—〜だけ

No.26

There's a big festival in my town tonight. There will be too many people there, so I'm going to stay at home.

Question **What is the man going to do tonight?**

今夜，私の住んでいる町では大きなお祭りがあります。そこには非常に多くの人が来るでしょう，だから私は家にいる予定です。

質問 **男性は今夜何をする予定ですか。**

1 家にいます。

2 数名の新しい人に会います。

3 お祭りに行きます。

4 小さな町を訪れます。

1文目で今夜お祭りがあることが述べられ，最後にI'm going to stay at home.（私は家にいる予定です。）と言っているので，1が適切です。

📖 WORDS&PHRASES

□ **festival**—お祭り　□ **tonight**—今夜　□ **stay at home**—家にいる

No.27

I just watched the weather news on TV. It's sunny now, but it'll rain this afternoon. I need to take my umbrella to work.

Question **What does the woman need to do?**

私はちょうどテレビで天気予報を見ました。今は晴れていますが，今日の午後は雨が降るでしょう。仕事に傘を持っていく必要があります。

質問 **女性は何をする必要がありますか。**

1 仕事に早く行きます。

2 傘を持っていきます。

3 素早く朝食をとります。

4 新しいテレビを買います。

最後に，I need to take my umbrella to work.（私は仕事に傘を持っていく必要があります。）と言っているので，2が適切です。

📖 WORDS&PHRASES

□ **just**—ちょうど　□ **weather news**—天気予報　□ **need to ～**—～する必要がある

No.28

🔊

Kelly likes to travel. Last summer, she went to France for a month. In winter, she stayed in Hawaii for a week.

Question **When did Kelly go to France?**

ケリーは旅行をするのが好きです。昨年の夏，彼女は1か月間フランスに行きました。冬には1週間ハワイに滞在しました。

質問 いつケリーはフランスに行きましたか。

1 先週です。 2 先月です。

3 昨年の夏です。 4 昨年の冬です。

✔️ 2文目で，Last summer, she went to France for a month. (昨年の夏，彼女は1か月間フランスに行きました。)と言っているので，3が適切です。4は彼女がハワイに行った時期です。

📖 WORDS&PHRASES

□ **like to ～**―～するのが好きだ □ **travel**―旅行する □ **France**―フランス

No.29

🔊

I just started high school. I'm good at history, but math and science are difficult. English is hard, too, but the teacher is really funny.

Question **Which subject is the girl good at?**

高校がちょうど始まりました。私は歴史が得意ですが，数学と理科は難しいです。英語も難しいですが，先生がとても面白いです。

質問 少女はどの教科が得意ですか。

1 数学です。 2 英語です。

3 歴史です。 4 理科です。

✔️ 2文目でI'm good at history（私は歴史が得意です）と言っているので，3が適切です。その他の選択肢は難しいと言っています。

📖 WORDS&PHRASES

□ **be good at ～**―～が得意である □ **difficult**―難しい □ **funny**―面白い

No.30

Alice visits her grandfather every summer. He lives by a lake, and he has a big boat. Alice enjoys fishing and swimming in the lake.

Question **Where does Alice's grandfather live?**

アリスは毎年夏に祖父を訪れます。彼は湖のそばに住んでいて，大きなボートを持っています。アリスは湖で釣りと水泳を楽しみます。

質問 **アリスの祖父はどこに住んでいますか。**

1 プールの隣です。　　　　　2 海の近くです。

3 ボートの上です。　　　　　**4 湖のそばです。**

📝 2文目の主語である He は前文の her grandfather を表し，He lives by a lake（彼は湖のそばに住んでいます）と言っているので，**4**が適切です。

📖 WORDS&PHRASES

□ **by ～**—〜のそばに　　□ **lake**—湖　　□ **enjoy ～ing**—〜するのを楽しむ

032

英検 4 級

2020年度・第2回　解答と解説

筆記 [p.032 − p.041]

1
(1) 4　(2) 4　(3) 1　(4) 4　(5) 2
(6) 3　(7) 3　(8) 1　(9) 3　(10) 3
(11) 4　(12) 1　(13) 4　(14) 3　(15) 2

2
(16) 2　(17) 2　(18) 4　(19) 1　(20) 3

3
(21) 2　(22) 2　(23) 1　(24) 3　(25) 4

4A
(26) 3　(27) 2

4B
(28) 4　(29) 1　(30) 2

4C
(31) 2　(32) 4　(33) 1　(34) 2　(35) 3

リスニング [p.042 − p.047]

第1部　[No.1] 2　[No.2] 1　[No.3] 3　[No.4] 1　[No.5] 1
[No.6] 3　[No.7] 2　[No.8] 2　[No.9] 3　[No.10] 1

第2部　[No.11] 1　[No.12] 3　[No.13] 2　[No.14] 1　[No.15] 2
[No.16] 2　[No.17] 4　[No.18] 1　[No.19] 4　[No.20] 1

第3部　[No.21] 2　[No.22] 2　[No.23] 3　[No.24] 3　[No.25] 4
[No.26] 1　[No.27] 3　[No.28] 3　[No.29] 1　[No.30] 4

1

(問題　p.032 ～ 033)

(1) A: あなたはコンピューターを使っているの，ジェフ？

B: うん，でも**すぐに**終わるよ。

1　より多い　　2　確かな　　3　家に　　**4　すぐに**

✓ 今コンピューターを使っているジェフが I'll finish（終わる）と言っているので，いつ終わるかを表す soon（すぐに）の**4**が適切です。

📖 WORDS&PHRASES

□ using — use（～を使う）の ing 形　　□ finish — 終わる

(2) あれは名古屋で最も高い**建物**です。私の父はそこで働いています。

1　コンピューター　　2　世界　　3　皿　　**4　建物**

✓ 直前の tallest（一番高い）につながる単語として**4**の building（建物）が適切です。

📖 WORDS&PHRASES

□ tallest — tall（背が高い）の最上級　　□ work — 働く　　□ building — 建物

(3) A: お母さん，学校で使う新しいノートが必要なの。私にお金を**くれる**？

B: わかったわ。

1　～を与える　　2　乗る　　3　～を持っている　　4　～を買う

✓ 1文目で I need a new notebook（新しいノートが必要だ）と言っていることから，それを買うためのお金が必要であることが予想できる。よって，**1**が適切です。〈give + 人 + 物〉で「人に物を与える」の意味。

📖 WORDS&PHRASES

□ need — ～が必要だ　　□ new — 新しい　　□ notebook — ノート

(4) A: 昨晩のコンサートはどうだった？

B: 本当に**楽しかった**よ。すごく楽しんだよ。

1　貧しい　　2　乾燥した　　3　悲しい　　**4　楽しいこと**

034

☑ How was the concert last night?（昨晩のコンサートはどうでしたか。）とコンサートの感想を聞かれていることから，それを説明する単語が必要なので，**4**が適切です。

📖 **WORDS&PHRASES**
□ **How ～?**─～はどうですか。　□ **last night**─昨晩　□ **really**─本当に

(5) *A:* 良い週末を過ごしましたか。
B: はい。私は祖父母を訪問してきました。
1 クレヨン　**2** 祖父母　**3** 休暇　**4** 皿

☑ visit（～を訪れる）のあとには人や場所が続くので，**2**が適切です。

📖 **WORDS&PHRASES**
□ **nice**─良い　□ **weekend**─週末　□ **went**─**go**(行く)の過去形

(6) *A:* 何かペットを飼ってる？
B: ううん。私は動物があまり好きではないの。
1 教科　**2** 電車　**3** 動物　**4** 人形

☑ Aにペットを飼っているかと聞かれ，BがI don't like ～（～が好きではない）と答えていることから，それに続くのはanimalsの**3**が適切です。

📖 **WORDS&PHRASES**
□ **any**─（疑問文で）何か　□ **not ～ very much**─あまり～ない

(7) *A:* 東京をどう思いましたか，ケリー？
B: とても大きな都市です。2回迷ってしまいました。
1 考え　**2** 体　**3** 都市　**4** 単語

☑ Aに How did you like Tokyo?（東京をどう思いましたか。）と東京の感想を聞かれていることから，city（都市）の**3**が適切です。

📖 **WORDS&PHRASES**
□ **How did you like ～?**─～をどう思いましたか。　□ **get lost**─道に迷う

(8) *A:* 毎週土曜日の昼間は何をしますか。
B: 私はたいてい友だちと公園で遊びます。

1 ～の間　　2 （3つ以上の）～の中で　　3 ～から　　4 ～に反して

☑ 空所のあとに the day（日中）があるので，期間を表す **1** が適切です。

📖 WORDS&PHRASES

□ on Saturdays ― 毎週土曜日に　　□ usually ― たいてい　　□ play ― 遊ぶ

(9) 私の父は朝早くに朝食を食べます。

1 ～から　　2 ～によって　　3 ～に　　4 ～の

☑ in the morning で「朝に」という意味を表すので，**3** が適切です。

📖 WORDS&PHRASES

□ eat ― ～を食べる　　□ breakfast ― 朝食　　□ early ― 早く

(10) *A:* 昨日の午後何をしたの，ピート？
B: 兄[弟]とぼくは公園でキャッチボールをしたんだ。

1 drive（～を運転する）の過去形
2 ride（～に乗る）の過去形
3 play（～をする）の過去形
4 start（～を始める）の過去形

☑ play catch で「キャッチボールをする」という意味を表すので，**3** が適切です。

📖 WORDS&PHRASES

□ afternoon ― 午後　　□ play catch ― キャッチボールをする

(11) マリは電車で眠ってしまったので，彼女の停車駅で降りませんでした。彼女は学校に遅刻しました。

1 （get over で）～を乗り越える
2 （get down で）身をかがめる
3 （get in で）着く，中に入る
4 （get off で）（列車，バスなどから）降りる

036

☑ get offで「(列車，バスなどから)降りる」という意味を表すので，**4** が適切です。

📖 **WORDS&PHRASES**

□ **fell asleep**—fall asleep(寝入る)の過去形　　□ **stop**—停留所，停車場

---

(12) グレンの友だちの全員が彼のパーティーで楽しい時を過ごしました。
1 時　　**2** 風邪　　**3** 百　　**4** 生活，人生

☑ have a good timeで「楽しい時を過ごす」という意味を表すので，**1**が適切です。

📖 **WORDS&PHRASES**

□ **had a good time**—have a good time(楽しい時を過ごす)の過去形

---

(13) 私が帰宅したとき，母は電話で話していました。
1 話す(**talk**の原形)
2 話す(主語が**he，she，it**などのとき)
3 **talk**の過去形
4 **talk**のing形

☑ 空所の直前のbe動詞wasと〜ingで「〜していた」という意味の過去進行形になるので，**4**が適切です。

📖 **WORDS&PHRASES**

□ **on the phone**—電話で　　□ **came home**—come home(帰宅する)の過去形

---

(14) *A:* お父さん，こちらはスティーブだよ。ぼくたちは学校で良い友だちなんだ。
B: こんにちは，スティーブ。きみに会えて嬉しいよ。
1 私は　　**2** 彼は　　**3** 私たちは　　**4** あなた(たち)は

☑ 空所の直後のareにつながるのは，weかyouですが，父親に自分の友だちのスティーブを紹介したAが言っている言葉なので，**3**が適切です。

037

📖 WORDS&PHRASES

□ **good**―良い　　□ **friend**―友人　　□ **happy**―嬉しい　　□ **meet**―～に会う

(15) *A:* もしもし。パティとお話ししたいのですが[パティとお話ししてもいいですか]。

B: すみません，ただ今，彼女は電話に出ることができません。

1　～でしょう　　　　　　　　　2　～してもよい
3　**do**の過去形　　　　　　　　4　**will**の過去形

📝　これは電話での会話で，May I talk[speak] to ～?で「～とお話ししたいのですが。」という意味を表すので，2が適切です。

📖 WORDS&PHRASES

□ **May I ～?**―～してもいいですか。　　□ **talk to ～**―～と話す

2

(問題　p.034)

(16)
少年: 昨日動物園に行ったんだ。
少女: それはいいわね。どうやってそこに行ったの？
少年: バスでだよ。

1 あなたはどこにいたの？
2 どうやってそこに行ったの？
3 誰がそこに行ったの？
4 あなたは何をしたの？

☑ 少年がBy bus.（バスでだよ。）と交通手段を答えていることから，動物園への行き方を聞いている**2**が適切です。

📖 WORDS&PHRASES
□ went—go（行く）の過去形　□ zoo—動物園　□ That's nice.—それはいいね。

(17)
息子: 何をしているの，お母さん？
母親: お父さんの誕生日だから，私はケーキを作っているのよ。

1 私は持っていないわ。
2 私はケーキを作っているのよ。
3 家に帰りましょう。
4 それは向こうにあるわよ。

☑ 息子に何をしているのかと聞かれた母親が，空所の前で，your father's birthday（お父さんの誕生日）と言っていることから，誕生日にすることを述べている**2**が適切です。

📖 WORDS&PHRASES
□ your—あなたの　□ father's—父親の　□ birthday—誕生日

(18)
先生: テストを受ける準備はできた，メアリー？
生徒: はい，ピーターソン先生。私は週末ずっとそのための勉強をしました。

1 私たちはうまくいきませんでした。
2 私はそれを持ってくるのを忘れました。

3 私たちには新しいクラスメートがいます。

4 私は週末ずっとそのための勉強をしました。

✒️ テストの準備ができたかを問われたメアリーがYes（はい）と答えていることから，それにつながる内容として**4**が適切です。

📖 WORDS&PHRASES

☐ **be ready to 〜**――〜する準備ができている　　☐ **take the test**――テストを受ける

---

(19) **少年:** すみません。あのボールはいくらですか。

店員: 500円です。それが最後のです。

少年: これにします。

1 これにします。
2 月曜日です。
3 遅刻ですよ。
4 良い考えですね。

✒️ 少年がボールの値段を店員にたずねたあとの言葉としては，I'll take it.（これにします。）と買うことを表す**1**が適切です。

📖 WORDS&PHRASES

☐ **Excuse me.**――すみません。　　☐ **How much 〜?**――〜はいくらですか。

---

(20) **少年:** あなたの新しい犬の写真をぼくに見せてくれない？

少女: もちろん，はい，どうぞ。一緒に見ましょう。

1 電話をなくしちゃったの。
2 カメラを壊してしまったの。
3 はい，どうぞ。
4 それは私のものではないわ。

✒️ 写真を見せてほしいと言われた少女がSure（もちろんいいよ）と答えたあとなので，**3**が適切です。Here you are.は人に物を渡すときの表現です。

📖 WORDS&PHRASES

☐ **show**――〜を見せる　　☐ **photo**――写真　　☐ **Sure.**――もちろん。

3

(問題 p.035)

(21) **(My father will help us with) our homework.**

- ☑ 「(人)の〜を手伝う」は〈help + 人 + with 〜〉で表すため，helpのあとにus，そしてwithが続きます。willは助動詞なので，動詞helpの前に置きます。

(22) **Satomi, (why do you want a) cell phone?**

- ☑ 「なぜ〜しますか」という疑問文なので，〈why do you + 動詞の原形〜?〉となります。冠詞aは数えられる名詞cell phone（携帯電話）の前に置きます。

(23) **Tom (began to study French last) year.**

- ☑ 「〜し始める」は〈begin to + 動詞の原形〉で表します。ここでは過去なので，began to studyとなります。また，lastはyearとつながり，「昨年」という意味になります。

(24) **Emma (left her house for work at) eight yesterday.**

- ☑ 「Aを出てBに向かう」は〈leave A for B〉で表します。また，atは時刻を表す前置詞なので，eightとつながり「8時に」という意味になります。

(25) **This (English book is a little difficult for) me.**

- ☑ a littleは形容詞を説明する語句なので，difficultの直前に置かれます。また，forはmeとつながり「私にとっては」という意味を表します。

20年度 第2回 筆記

041

4A

（問題　p.036 ～ 037）

本文の意味

フレディ靴店のクリスマスセール！

子ども用の靴が 50 パーセントオフになります。女性用ブーツはすべて 40 ドルです。㉖毎日最初の 30 名様に靴入れを差し上げます。

時：㉗12 月 13 日～ 12 月 24 日
時間：午前 10 時 30 分～午後 7 時

最終日は午前 10 時から午後 7 時 30 分まで営業します。

---

(26) 毎日最初の30人は何をもらえますか。

1　一足の靴です。　　　　　　　2　一足のブーツです。

3　靴入れです。　　　　　　　　4　クリスマスカードです。

- -

☑ 下線部㉖に注目します。「毎日最初の30名様に靴入れを差し上げます。」とあるので，正解は**3**です。

(27) 12月13日，フレディ靴店は何時に開店しますか。

1　午前10時です。　　　　　　2　午前10時30分です。
3　午後7時です。　　　　　　　4　午後7時30分です。

- -

☑ 12月13日の開店時間については下線部㉗に注目します。10：30とあるので，正解は**2**です。

📖 WORDS&PHRASES

☐ **shoe**—靴　　☐ **store**—店　　☐ **children**—child(子ども)の複数形
☐ **women**—woman(女性)の複数形　　☐ **first**—最初の　　☐ **people**—人々
☐ **December**—12月　　☐ **open**—開いている　　☐ **last**—最後の

042

4B

（問題　p.038 ～ 039）

本文の意味

送信者：ジャック・ミルズ
宛先：ナンシー・ミルズ
日付：5月13日
件名：ぼくの宿題

こんにちは　おばあちゃん，
元気？　ぼくは歴史の授業のレポートを書かなければいけないんだ。おばあちゃん
の助けが必要なんだ。㉘おばあちゃんにあなたの故郷と両親のことについていくつ
か質問がしたいんだ。土曜日か日曜日におばあちゃんを訪ねてもいい？
愛を込めて，

ジャック

送信者：ナンシー・ミルズ
宛先：ジャック・ミルズ
日付：5月14日
件名：土曜日

親愛なるジャック，
もちろん私を訪問してくれていいわよ。あなたに伝える話がたくさんあるわ。㉙土
曜日の午前に私の家に来てちょうだい。㉚あなたに数枚の古い写真を見せてあげる
わね。写真の中には50年以上前のものもあるわよ。私の両親と姉妹の写真もある
わ。時間があれば，一緒にお昼も食べましょう。
愛を込めて，

おばあちゃん

---

(28) ジャックは何がしたいですか。
1 祖母を学校に連れて行きたい。
2 歴史の授業のためのレポートを読みたい。
3 昼食のためのお金を借りたい。
4 祖母にいくつか質問をしたい。

043

📝 ジャックのEメールの下線部㉘に I want to ask you some questions about your hometown and your parents. とあるので，正解は **4** です。

(29) ジャックは祖母の家にいつ行くでしょうか。
1 土曜日の午前です。　　　　　2 土曜日の午後です。
3 日曜日の午前です。　　　　　4 日曜日の午後です。

- -

📝 ジャックに土曜日か日曜日に訪問したいと言われた祖母が，下線部㉙で Please come to my house on Saturday morning. (土曜日の午前に私の家に来てちょうだい。)と書いていることから，正解は **1** です。

(30) ジャックの祖母はジャックに何を見せるつもりですか。
1 新しいカメラです。　　　　　2 数枚の古い写真です。
3 彼女の両親の故郷です。　　　4 彼女の姉［妹］のレポートです。

- -

📝 祖母のメールの下線部㉚に I'll show you some old photos. (あなたに数枚の古い写真を見せてあげるわね。)とあるので，正解は **2** です。

📖 **WORDS&PHRASES**

□ **May**— 5月　　□ **homework**— 宿題　　□ **Grandma**— おばあちゃん

□ **have to ～**——〜しなければならない　　□ **report**— レポート　　□ **history**— 歴史

□ **need**——〜が必要だ　　□ **ask**——〜をたずねる　　□ **hometown**— 故郷

□ **Can I ～?**——〜してもいいですか。　　□ **visit**——〜を訪問する　　□ **love,**— 愛を込めて，

□ **of course**— もちろん　　□ **story**——話，物語　　□ **show**——〜を見せる

□ **photo**— 写真　　□ **more than ～**——〜以上　　□ **let's ～**——〜しましょう

□ **also**——〜もまた　　□ **together**——一緒に

4C

（問題　p.040 ～ 041）

本文の意味

ケンが飛行機に乗ること

ケンは飛行機が大好きです。㉛将来，彼はパイロットになりたいと思っています。㉜去年の夏，彼は両親とハワイへ旅行に行きました。彼は初めて飛行機に乗ることにわくわくしました。

ケンの父親は，ケンと彼の母親を車に乗せて空港に行きました。㉝彼らはそこに早く着いたので，最初に展望デッキに行きました。ケンは１時間飛行機を見て，写真もたくさん撮りました。

その後，ケンと両親は搭乗口へ歩いて行きました。㉞彼らは飛行機に乗ることができる前に，そこで 20 分間待たなければなりませんでした。ケンは自分の飛行機の座席が窓の隣だったので，とても嬉しかったです。

ケンと両親は７時間飛行機に乗りました。ハワイに到着すると，ケンは母親に「すごくわくわくしたよ！　㉟窓の外を見るのがとても楽しかった。家に帰るときも窓のそばに座りたいな。」と言いました。

---

(31) **ケンは将来何をしたいですか。**

1　先生になりたい。　　　　　　2　パイロットになりたい。
3　飛行機を造りたい。　　　　　4　父親に車を買いたい。

- -

☑　下線部㉛に In the future, he（= Ken）wants to be a pilot. とあるので，正解は **2** です。

---

(32) **ケンと彼の両親は去年の夏，どこに行きましたか。**

1　パイロットの学校です。　　　2　航空博物館です。
3　日本です。　　　　　　　　　4　ハワイです。

- -

☑　下線部㉜に Last summer, he took a trip to Hawaii with his parents. とあるので，正解は **4** です。

045

(33) ケンと彼の両親は空港で最初に何をしましたか。

1 彼らは展望デッキに行きました。
2 彼らは新しいカメラを買いました。
3 彼らは搭乗口へ歩いて行きました。
4 彼らはレストランで昼食を食べました。

下線部㉝にThey got there（= to the airport）early, so they went to the observation deck first. とあるので，正解は1です。

(34) ケンと両親はどれくらいの間搭乗口で待ちましたか。

1 10分間です。　2 20分間です。
3 1時間です。　4 7時間です。

下線部㉞にThey had to wait there（= at their boarding gate）for 20 minutes とあるので，正解は2です。

(35) 飛行機に乗ったとき，ケンは…

1 ハワイについての本を読みました。
2 海の写真を撮りました。
3 窓の外を見て楽しみました。
4 初めての食べ物を食べました。

下線部㉟でI enjoyed looking out the window very much. と言っているので，正解は3です。

WORDS&PHRASES

□ plane ride — 飛行機に乗ること　□ in the future — 将来
□ took a trip to ～ — take a trip to ～（～へ旅行に行く）の過去形
□ excited — わくわくした　□ ride — 乗る　□ for the first time — 初めて
□ drove — drive（～を車で運ぶ）の過去形　□ got — get（到着する）の過去形
□ first — 最初に　□ took a photo — take a photo（写真を撮る）の過去形
□ too — ～も　□ had to ～ — have to ～（～しなければならない）の過去形
□ seat — 座席　□ next to ～ — ～の隣に　□ arrived — arrive（到着する）の過去形
□ said — say（言う）の過去形　□ exciting — わくわくさせるような
□ enjoy ～ing — ～するのを楽しむ　□ look out ～ — ～から外を見る
□ by ～ — ～のそばに　□ on the way home — 家に帰る途中で，帰り道で

リスニングテスト第1部 （問題 p.042 ～ 043）

〈例題〉

A: Hi, my name is Yuta.
B: Hi, I'm Kate.
A: Do you live near here?
　1　I'll be there.
　2　That's it.
　3　Yes, I do.

「やあ，ぼくの名前はユウタだよ。」
「こんにちは，私はケイトよ。」
「きみはこの近くに住んでいるの？」
　1「そちらに行きます。」
　2「それだわ。」
　3「ええ，そうよ。」

No.1

A: I can't find my pencil.
B: Is it green?
A: Yes. Can you see it?
　1　Sure, you can use mine.
　2　Yes, it's under your desk.
　3　I finished at lunchtime.

「鉛筆が見つからないんだ。」
「それは緑色？」
「そうだよ。それが見えるの？」
　1「もちろん，私のを使っていいわよ。」
　2「ええ，あなたの机の下にあるわよ。」
　3「お昼に終わったわ。」

No.2

A: Am I late?
B: Yes, but you can still go in.
A: When did the concert start?
　1　Five minutes ago.
　2　I found it.
　3　Ten dollars, please.

「私，遅いですか。」
「はい，でもまだ入れますよ。」
「コンサートはいつ始まったのですか。」
　1「5分前です。」
　2「私がそれを見つけました。」
　3「10ドルです。」

☑ When ～?（いつ～か。）と時をたずねているので，Five minutes ago.（5分前です。）と答えている**1**が適切です。

047

No.3

A: Mom.
B: What is it, Dylan?
A: Your favorite TV show will start soon.
  1　No, it's easy.
  2　Of course you can.
  3　OK, I'm coming.

「お母さん。」
「何，ディラン？」
「お母さんの大好きなテレビ番組がもうすぐ始まるよ。」
1「いいえ，簡単よ。」
2「もちろんあなたはできるわよ。」
3「わかった，今行くわ。」

 息子から好きなテレビ番組が始まることを伝えられているので，I'm coming.（今（見に）行くわ）と言っている**3**が適切です。食事ができたと呼ばれる場面などでも使われる表現です。

No.4

A: Just a minute, Dad.
B: We have to leave now.
A: I want to brush my hair.
  1　Hurry up.
  2　You're welcome.
  3　It's over there.

「ちょっと待って，お父さん。」
「すぐに出なければならないよ。」
「髪の毛をとかしたいの。」
1「急ぎなさい。」
2「どういたしまして。」
3「それは向こうにあるよ。」

No.5

A: A table for one, please.
B: Where would you like to sit?
A: By the window.
  1　This way, please.
  2　I'll go tomorrow.
  3　Yes, we did.

「1人用の席をお願いします。」
「どこにお座りになりたいですか。」
「窓のそばがいいです。」
1「こちらへどうぞ。」
2「私は明日行くつもりです。」
3「はい，私たちはしました。」

No.6

A: Hi, Jane.
B: Hi. What are you cooking?
A: Some curry for dinner.
　1　Thanks for asking.
　2　I like that restaurant.
　3　**It looks delicious.**

「おかえり，ジェーン。」
「ただいま。何を作っているの？」

「夕食のカレーだよ。」
　1　「聞いてくれてありがとう。」
　2　「私はあのレストランが好き。」
　3　「おいしそうね。」

No.7

A: Look, it's raining.
B: Oh, no! I don't have my umbrella.
A: Where is it?
　1　It'll be sunny.
　2　**At school.**
　3　Eight o'clock.

「あら，雨が降っているわ。」
「しまった！ 傘がないよ。」

「どこにあるの？」
　1　「晴れるよ。」
　2　「学校にだよ。」
　3　「8時だよ。」

No.8

A: I made some toast for breakfast.
B: Thanks, Mom.
A: Do you want butter on it?
　1　I had eggs.
　2　**Just a little.**
　3　There was some.

「朝食にトーストを作ったわよ。」
「ありがとう，お母さん。」
「バターは塗る？」
　1　「卵を食べたよ。」
　2　「少しだけね。」
　3　「いくらかあったよ。」

 トーストにバターを塗るかを聞かれているので，「ほんの少し」とバターの量を答えている2が適切です。

No.9

A: Are you ready for your trip to Boston?
B: Yes. I'll leave tomorrow.
A: How long will you stay there?
  1 By plane.
  2 At the hotel.
  3 For four days.

「ボストンへの旅行の準備はできたの？」
「はい。明日出発です。」
「どれくらいの期間あちらに滞在するの？」
  1　「飛行機でです。」
  2　「ホテルでです。」
  3　「4日間です。」

 How long ～? と期間について聞かれているので，For four days.（4日間です。）と答えている 3 が適切です。

No.10

A: Science class is really difficult.
B: Yeah. I didn't understand today's lesson at all.
A: Shall we study together?
  1 I'd love to.
  2 It's not at my house.
  3 It was an easy test.

「理科の授業は本当に難しいね。」
「そうね。今日の授業は全く理解できなかったわ。」
「一緒に勉強しない？」
  1　「喜んで。」
  2　「それは私の家にはないわ。」
  3　「簡単なテストだったわよ。」

リスニングテスト第2部 （問題　p.044〜045）

No.11

A: What did you do after school today?
B: I went to the lake, Mom.
A: Did you see any ducks?
B: No, but I saw some fish.

Question　**What did the boy do after school?**

A: 今日放課後，何をしたの？
B: 湖に行ったよ，お母さん。
A: アヒルを見た？
B: ううん，でも魚を見たよ。

質問　**少年は放課後に何をしましたか。**
1　彼は湖に行きました。　　　2　彼は釣りに行きました。
3　彼は動物園を訪れました。　4　彼は図書館で勉強しました。

母親に放課後に何をしたかと聞かれて，少年がI went to the lake, Mom.（湖に行ったよ，お母さん。）と答えているので，**1**が適切です。

No.12

A: Did you watch the weather report this morning?
B: Yes. It'll rain this afternoon.
A: How about tomorrow?
B: It'll be sunny.

Question　**When will it be sunny?**

A: 今朝天気予報を見ましたか。
B: はい。今日の午後は雨が降るようです。
A: 明日はどうですか。
B: 晴れますよ。

質問　**いつ晴れますか。**

1 今朝です。　　　　　　　　2 今日の午後です。
3 明日です。　　　　　　　　4 今週末です。

✓ 天気予報についての会話で，AがHow about tomorrow?（明日はどうですか。）と聞いたのに対して，BがIt'll be sunny.（晴れますよ。）と答えているので，3が適切です。

No.13

🔊 A: May I use your ruler, John?

B: Where's yours, Ann?

A: I forgot it. It's in my bedroom at home.

B: OK, here you are.

Question **Where is Ann's ruler?**

A: あなたの定規を使ってもいい，ジョン？

B: きみのはどこにあるの，アン？

A: 忘れてしまったの。家の寝室にあるわ。

B: いいよ，はいどうぞ。

質問 **アンの定規はどこにありますか。**

1 通学かばんの中にです。　　　2 彼女の寝室にです。
3 ジョンの家にです。　　　　　4 学校にです。

✓ ジョンに Where's yours, Ann?（きみのはどこにあるの，アン？）と聞かれてアンが It's in my bedroom at home.（家の寝室にあるわ。）と答えているので，2が適切です。yours は your ruler を表します。

No.14

🔊 A: Hello.

B: Hi. I'd like two doughnuts and three muffins.

A: OK. Anything else?

B: Yes, five cookies, please.

Question **How many doughnuts does the woman want?**

A: こんにちは。

B: こんにちは。ドーナツ2個とマフィンを3個欲しいのですが。

A: かしこまりました。他にはいかがですか。

B: はい，クッキーを5枚お願いします。

質問 女性は何個ドーナツを欲しいと思っていますか。

1 2個です。　　2 3個です。　　3 4個です。　　4 5個です。

☑ 女性が I'd like two doughnuts（ドーナツを2個欲しい）と言っているので，1が適切です。

No.15

A: It's a beautiful day. Let's go somewhere.

B: How about going shopping?

A: I want to go for a walk.

B: OK. Let's walk around the lake.

Question **What does the man want to do?**

A: いい天気だね。どこか行こうよ。

B: 買い物に行くのはどうかしら？

A: ぼくは散歩に行きたいな。

B: いいわよ。湖の周りを歩きましょう。

質問 男性は何をしたいですか。

1 買い物に行きたい。　　　　　2 散歩に行きたい。

3 湖で泳ぎたい。　　　　　　　4 家にいたい。

☑ 天気が良いのでどこかに行こうと女性を誘った男性が，買い物を提案されて I want to go for a walk.（散歩に行きたい。）と答えているので，2が適切です。

No.16

A: Mom, I'm going to go to school early tomorrow.

B: Why?

053

A: I have a special band practice for the concert.

B: I see.

Question **Why will the boy go to school early tomorrow?**

A: お母さん，明日は早く学校に行く予定なんだ。

B: なぜなの？

A: コンサートのために特別なバンドの練習があるんだ。

B: わかったわ。

質問 **なぜ少年は明日早く学校に行くつもりなのですか。**

1　コンサートのチケットを買うためです。

2　**コンサートのために練習をするためです。**

3　宿題をするためです。

4　彼の音楽の先生と話をするためです。

✔️ 明日早く学校に行くと言った少年が，母親に理由を聞かれてI have a special band practice for the concert.（コンサートのために特別なバンドの練習があるんだ。）と答えているので，2が適切です。

No.17

🔊
A: Can you come to my birthday party, Jeff?

B: When is it, Kelly?

A: On Saturday.　Tim and Megan will be there.

B: OK!　Sounds like fun.

Question **Whose birthday party is on Saturday?**

A: 私の誕生日会に来られる，ジェフ？

B: いつなの，ケリー？

A: 土曜日よ。ティムとメーガンが来る予定よ。

B: わかったよ！　楽しそうだね。

質問 **誰の誕生日会が土曜日にありますか。**

1　ジェフのです。	2　ティムのです。
3　メーガンのです。	**4　ケリーのです。**

054

📝 ジェフを自分の誕生日会に誘ったケリーが，誕生日会はいつなのかと聞かれて，On Saturday.（土曜日よ。）と答えているので，**4** が適切です。

No.18

🔊
A: What's this, Tony?

B: It's a photo of my soccer team.

A: Really?

B: Yes. We won a lot of games last year.

Question **What are they talking about?**

- -

A: これは何，トニー？

B: ぼくのサッカーチームの写真だよ。

A: 本当？

B: うん。ぼくたち，去年たくさん試合に勝ったんだ。

質問 **彼らは何について話していますか。**

1 トニーのサッカーチームについてです。

2 トニーのカメラについてです。

3 トニーの誕生日プレゼントについてです。

4 トニーのコンピューターゲームについてです。

- -

📝 What's this?（これは何？）と聞かれたトニーが，It's a photo of my soccer team.（ぼくのサッカーチームの写真だよ。）と答え，We won a lot of games last year.（去年たくさんの試合に勝った。）と話しているので，**1** が適切です。

No.19

🔊
A: Let's have Italian food for lunch.

B: I had pizza yesterday. Do you like Chinese?

A: No, I don't. How about Japanese?

B: Sounds good.

Question **What kind of food will they have for lunch?**

- -

055

A: お昼にイタリア料理を食べようよ。

B: 昨日ピザを食べたの。中華料理は好き？

A: いや，好きじゃないんだ。日本料理はどう？

B: いいわね。

質問 どんな種類の食べ物を彼らはお昼に食べますか。

1 イタリア料理です。　　　　　2 フランス料理です。

3 中華料理です。　　　　　　　4 日本料理です。

☑ 最後に男性がHow about Japanese?（日本料理はどう？）と提案したのに対して，女性がSounds good.（いいわね。）と答えているので，4が適切です。

No.20

A: Let's go to a movie after school.

B: I have to study for the math test.

A: Will you study at the library?

B: No, at home.

Question **What is the boy going to do after school?**

A: 放課後，映画に行きましょうよ。

B: 数学のテストのために勉強をしなければいけないんだ。

A: 図書館で勉強するの？

B: いや，家でだよ。

質問 少年は放課後に何をする予定ですか。

1 数学のテストのために勉強をします。

2 映画を見ます。

3 図書館に行きます。

4 彼の先生と話します。

☑ 映画に誘われた少年が，I have to study for the math test.（数学のテストのために勉強をしなければいけない。）と答えているので，1が適切です。

056

リスニングテスト第3部　(問題　p.046～047)

No.21

My mom has long black hair. My older brother has black hair, too, but his is short. My dad's hair is short and gray.

Question **Who has short black hair?**

- -

私の母は長い黒髪です。私の兄も黒髪ですが，彼の髪は短いです。私の父の髪の毛は短くて白髪交じりです。

質問 **短い黒髪なのは誰ですか。**

1 少女です。
2 **少女の兄です。**
3 少女の母親です。
4 少女の父親です。

- -

📝 2文目で，My older brother has black hair, too, but his is short. （私の兄も黒髪ですが，彼の髪は短いです。）と言っているので，**2**が適切です。hisはhis hairを表しています。

📖 **WORDS&PHRASES**
□ **hair**—髪の毛　　□ **older**—年上の　　□ **gray**—白髪(交じり)の

No.22

Tom likes reading. He goes to the library every Saturday to get new books. He doesn't go on Sundays because the library is closed.

Question **When does Tom go to the library?**

- -

トムは本を読むのが好きです。彼は新しい本を借りるために毎週土曜日に図書館に行きます。図書館が閉まっているので，彼は日曜日には行きません。

質問 **トムはいつ図書館に行きますか。**

1 毎週水曜日です。
2 **毎週土曜日です。**
3 毎週日曜日です。
4 毎日です。

- -

📝 2文目で，He（= Tom）goes to the library every Saturday …

057

と言っているので，**2**が適切です。3は図書館が閉まっている日です。

📖 **WORDS&PHRASES**
□ like ～ing — ～するのが好きだ　　□ library — 図書館　　□ closed — 閉まった

No.23

🔊 My favorite rock band had a concert yesterday. I bought my ticket last week, but I had a cold, so I couldn't go. I'll go next time.

Question **Why didn't the woman go to the rock concert yesterday?**

私の大好きなロックバンドは昨日コンサートを開きました。私は先週チケットを買いましたが，風邪を引いていたので行くことができませんでした。次回は行くつもりです。

質問 なぜ女性は昨日ロックのコンサートに行かなかったのですか。
1 彼女は時間がありませんでした。
2 彼女はチケットを買うことができませんでした。
3 彼女は風邪を引いていました。
4 彼女は仕事をしなければなりませんでした。

🔖 2文目で… but I had a cold, so I couldn't go. と言っているので，**3**が適切です。goのあとにはto the concertが省略されています。soの直前には「理由」を表す文がきます。

📖 **WORDS&PHRASES**
□ favorite — 大好きな　　□ bought — buy(～を買う)の過去形　　□ cold — 風邪

No.24

🔊 Henry likes eating fruit at lunchtime. Oranges are his favorite fruit. He ate cherries yesterday, and he had grapes today.

Question **What fruit does Henry like the best?**

ヘンリーはランチタイムに果物を食べるのが好きです。オレンジは彼の

058

大好きな果物です。彼は昨日さくらんぼを食べ，今日はぶどうを食べました。

質問 ヘンリーはどんな果物が一番好きですか。

1 ぶどうです。　　　　　　　　2 さくらんぼです。

3 オレンジです。　　　　　　　4 バナナです。

✎ 2文目でOranges are his（＝ Henry's）favorite fruit.（オレンジは彼の大好きな果物です。）と言っているので，**3**が適切です。1は今日，2は昨日食べた果物です。

📖 WORDS&PHRASES
□ **fruit**—果物　　□ **ate**—**eat**（〜を食べる）の過去形

No.25

🔊 Attention, students. Please finish reading your textbooks this weekend. There is no school on Monday, and we will have a test on Tuesday.

Question **What do the students have to do this weekend?**

生徒の皆さんにお知らせします。今週末に教科書を読み終えてください。月曜日は学校がありませんので，火曜日にテストをします。

質問 生徒たちは今週末に何をしなければいけませんか。

1 学校に行きます。　　　　　　2 テストを受けます。
3 図書館で勉強します。　　　　**4 教科書を読みます。**

✎ 2文目で，先生がPlease finish reading your textbooks this weekend.（今週末に教科書を読み終えてください。）と言っているので，**4**が適切です。

📖 WORDS&PHRASES
□ **Attention.**—お知らせします。（相手に注意を促す表現）　□ **weekend**—週末

No.26

🔊 Donna works three days a week in a hotel. Twice a week, she cleans the rooms, and once a week she works in the hotel

20年度 第**2**回 リスニング

059

restaurant.

Question **How often does Donna work in the hotel restaurant?**

ドナはホテルで週に３日働いています。週に２回彼女は部屋の掃除をし，週に１回ホテルのレストランで働きます。

質問 ドナはどのくらいの頻度でホテルのレストランで働きますか。

1 週に１回です。　　　　　　　2 週に２回です。
3 週に３回です。　　　　　　　4 週に４回です。

✔ ２文目で… and once a week she works in the hotel restaurant.（週に１回ホテルのレストランで働きます。）と言っているので，1 が適切です。

📖 WORDS&PHRASES
□ **twice**─２回　　□ **once**─１回　　□ **restaurant**─レストラン

No.27

🔊 I couldn't find my passport last week. I looked in my desk and suitcase, but it wasn't there. I found it in my closet this morning.

Question **Where was the woman's passport?**

私は先週パスポートを見つけることができませんでした。机とスーツケースの中を見ましたが，そこにはありませんでした。今朝，クローゼットの中でそれを見つけました。

質問 女性のパスポートはどこにありましたか。
1 彼女の車の中です。
2 彼女のスーツケースの中です。
3 彼女のクローゼットの中です。
4 彼女の机の中です。

✔ 最後に I found it（= the woman's passport）in my closet this morning.（今朝，クローゼットの中でそれを見つけました。）とあるので，3 が適切です。

060

WORDS&PHRASES

□ **find**—〜を見つける　　□ **passport**—パスポート　　□ **found**—**find**の過去形

No.28

🔊

My sister Emily loves trains.　She likes to go to the station to watch them.　When I have time, I go there with her.

Question **What does Emily like to do?**

ぼくの妹[姉]のエミリーは電車が大好きです。彼女はそれらを見るために駅に行くのが好きです。ぼくに時間があるときは，彼女と一緒にそこに行きます。

質問 エミリーは何をするのが好きですか。

1　おもちゃの電車を作ることです。
2　少年と遊ぶことです。
3　**電車を見ることです。**
4　映画に行くことです。

✏️ 2文目で，She（= Emily）likes to go to the station to watch them（= trains）.（彼女はそれらを見るために駅に行くのが好きです。）と言っているので，**3**が適切です。

WORDS&PHRASES

□ **train**—電車　　□ **station**—駅　　□ **watch**—〜を見る

No.29

🔊

Mark is in the science club at school, but he doesn't like it.　Next year, he wants to join the tennis club or the swimming club.

Question **What club is Mark in now?**

マークは学校で科学部に入っていますが，彼は科学部が好きではありません。来年，彼はテニス部か水泳部に入りたいと思っています。

質問 マークは今何部に入っていますか。

1　**科学部です。**　　　　　　　2　テニス部です。
3　水泳部です。　　　　　　　4　英語部です。

061

☑ 1文目で Mark is in the science club at school（マークは学校で科学部に入っています）と言っているので，1が適切です。2と3は彼が来年入りたいと思っている部活です。

WORDS&PHRASES

☐ **science**—科学，理科　　☐ **join**—〜に加わる，加入する　　☐ **tennis**—テニス

No.30

Sam usually eats curry or soup for lunch, but today he went to a new restaurant. He got a hamburger. It was delicious.

Question **What did Sam have for lunch today?**

サムはたいていお昼にカレーかスープを食べますが，今日は新しくできたレストランに行きました。彼はハンバーガーを買いました。それはとてもおいしかったです。

質問　今日サムはお昼に何を食べましたか。

1　カレーです。　　　　　　　2　スープです。

3　ピザです。　　　　　　　　**4　ハンバーガーです。**

☑ 1文目の後半で，… but today he went to a new restaurant.（今日は新しくできたレストランに行きました。）と述べ，そのあとで He got a hamburger.（彼はハンバーガーを買いました。）と言っているので，4が適切です。

WORDS&PHRASES

☐ **usually**—たいてい　　☐ **got**—**get**(〜を買う)の過去形
☐ **delicious**—とてもおいしい

062

英検 **4** 級

2019年度・第1回 解答と解説

筆記 [p.050 − p.059]

1
(1) 2	(2) 2	(3) 3	(4) 2	(5) 1
(6) 1	(7) 2	(8) 4	(9) 1	(10) 4
(11) 4	(12) 3	(13) 4	(14) 1	(15) 2

2 (16) 4　(17) 4　(18) 2　(19) 1　(20) 3

3 (21) 1　(22) 2　(23) 1　(24) 1　(25) 3

4A (26) 4　(27) 3
4B (28) 4　(29) 2　(30) 1
4C (31) 2　(32) 1　(33) 4　(34) 2　(35) 3

リスニング [p.060 − p.065]

第 **1** 部　[No.1] 3　[No.2] 2　[No.3] 1　[No.4] 1　[No.5] 2
　　　　[No.6] 1　[No.7] 3　[No.8] 3　[No.9] 2　[No.10] 1

第 **2** 部　[No.11] 2　[No.12] 2　[No.13] 3　[No.14] 1　[No.15] 3
　　　　[No.16] 4　[No.17] 2　[No.18] 4　[No.19] 1　[No.20] 1

第 **3** 部　[No.21] 4　[No.22] 4　[No.23] 3　[No.24] 1　[No.25] 3
　　　　[No.26] 3　[No.27] 4　[No.28] 1　[No.29] 2　[No.30] 2

1

(問題　p.050 ～ 051)

(1) *A:* フランク，あなたのアパートには何部屋あるの？
B: 4部屋だよ。寝室，居間，台所，そして浴室だよ。
1 学校　　**2 アパート**　　3 競技場　　4 空港

✎ how many rooms are there ～?（～何部屋あるの？）と聞かれて，Four.（4部屋だよ。）と答えていることから，4つの部屋があるところとして**2**が適切です。

📖 WORDS&PHRASES
□ bedroom—寝室　　□ living room—居間　　□ bathroom—浴室

----

(2) *A:* やあ，キャシー。どうかしましたか。
B: はい，ウィリアムズ先生。先生に質問をしたいのですが。
1 ～をかく　　　　　　　　　**2 ～に（…を）たずねる**
3 ～を始める　　　　　　　　4 ～を運転する

✎ 空所のあとの you（あなた）と some questions（質問）が続くものとしては，**2**が適切です。Can I help you? は「どうかしましたか。」「お手伝いしましょうか。」と，人に声をかけるときの言い方です。

📖 WORDS&PHRASES
□ want to ～—～したい　　□ question—質問　　□ draw—～をかく

----

(3) *A:* おじいちゃん，幼い少年だったときは，ひまな時間に何をしたの？
B: 釣りに行ったよ，サリー。
1 多くの　　2 もっと少ない　　**3 ひまな**　　4 短い

✎ Bが I went fishing（釣りに行った）と答えていることから，空所のあとの time（時間）が続くものとして**3**が適切です。

📖 WORDS&PHRASES
□ young—幼い　　□ went—go（行く）の過去形　　□ go fishing—釣りに行く

(4) 姉[妹]と私は昨日山へハイキングに行きました。私たちは5時間歩いたので，とても疲れました。

1 役立つ　　2 疲れた　　3 正しい　　4 長い

✓ went hiking（ハイキングに行った），We walked for five hours …
（私たちは5時間歩きました）とあることから，**2**が適切です。

📖 WORDS&PHRASES
□ **go hiking**─ハイキングに行く　　□ **hour**─時間　　□ **tired**─疲れた

(5) 春は公園がとても美しいです。多くの桜の木と多くの花があります。

1 美しい　　2 用意ができた　　3 短い　　4 注意深い

✓ There are many cherry trees and lots of flowers.（多くの桜の木と多くの花があります。）とあることから，「美しい」という意味の**1**が適切です。

📖 WORDS&PHRASES
□ **spring**─春　　□ **cherry**─桜　　□ **lots of** 〜─多くの〜　　□ **beautiful**─美しい

(6) A: グレース，きみを探していたんだよ。どこにいたの？
B: 台所にいたわよ。

1 （look for 〜で）〜を探す　　2 〜の
3 〜によって，〜までに　　4 〜から

✓ Where were you?（どこにいたの？）→ I was in the kitchen.（台所にいたわよ。）というやり取りから，「〜を探す」という意味の**1**が適切です。

📖 WORDS&PHRASES
□ **look for** 〜─〜を探す　　□ **kitchen**─台所

(7) ジョーンズさんはとても有名な歌手です。彼のコンサートにはいつも多くの人々がいます。

1 遅い　　2 有名な　　3 きれいな　　4 用意ができた

065

◢ There are always a lot of people at his concerts.（彼のコンサートにはいつも多くの人々がいます。）とあることから，空所のあとの singer（歌手）が続く語として，**2**が適切です。

📖 **WORDS&PHRASES**
□ always ― いつも　　□ a lot of ～ ― 多くの～　　□ famous ― 有名な

(8) A: ケビンの誕生日に何を買えばいいのかな？
B: 考えがあるよ。彼のお気に入りのレストランに連れていけばいいよ。
1 事務所　　2 動物　　3 目　　**4 考え**

◢ Bが You can take him to his favorite restaurant.（彼のお気に入りのレストランに連れていけばいいよ。）という考えを示していることから，**4**が適切です。

📖 WORDS&PHRASES
□ take A to B ― AをBへ連れていく　　□ favorite ― お気に入りの　　□ idea ― 考え

(9) A: ヘンダーソンさんについて聞きましたか。
B: はい。彼は入院しています。
1 ～について　　　　　　　2 ～といっしょに
3 ～のまわりで　　　　　　4 ～を越えて

◢ hear about ～ で「～について聞く」という意味を表すので，**1**が適切です。

📖 WORDS&PHRASES
□ hear about ～ ― ～について聞く　　□ be in the hospital ― 入院している

(10) A: 遅れたくないんだ，ジェン。お願いだから急いで。
B: ちょっと待って，お父さん。
1 many, much（多い）の最上級
2 最初の，第1の
3 little（少ない）の比較級
4 （Just a minute. で）ちょっと待って。

066

☑ Please hurry.（お願いだから急いで。）と言われているので,「ちょっと待って。」という意味を表す**4**が適切です。

📖 **WORDS&PHRASES**
□ late ― 遅れて　　□ hurry ― 急ぐ　　□ Just a minute. ― ちょっと待って。

(11) *A:* この浜辺はとても人気があります。
B: はい。毎年ますます多くの人々がここへ来ます。

1　しかし　　　　　　　2　または
3　～なので　　　　　　4　（more and more で）ますます多くの

☑ more and more で「ますます多くの」という意味を表すので,**4**が適切です。

📖 **WORDS&PHRASES**
□ popular ― 人気がある　　□ more and more ― ますます多くの

(12) *A:* では,ジム。明日会えるかな？
B: うん。明日は申し分ないよ。

1　重い　　2　暗い　　3　申し分ない　　4　雨降りの

☑ Can we meet tomorrow?（明日会えるかな？）と聞かれて,Yes. と答えていることから,「申し分ない」という意味を表す**3**が適切です。

📖 **WORDS&PHRASES**
□ meet ― 会う　　□ dark ― 暗い　　□ fine ― 申し分ない　　□ rainy ― 雨降りの

(13) 赤ちゃんが隣の部屋で眠っているから,話すのをやめて静かにして下さい。

1　話す（talk の原形）　　　　　　2　talk の過去形
3　話す（主語が he, she, it などのとき）　4　talk の ing 形

☑ stop ～ing で「～するのをやめる」という意味を表すので,**4**が適切です。

📖 **WORDS&PHRASES**
□ sleep ― 眠る　　□ next ― 隣の　　□ quiet ― 静かな

19年度　第1回　筆記

067

(14) **A:** あなたのおじいさんは何時に寝ますか。

B: 毎晩10時です。

1 行く（go の原形）　　　2 行く（主語が he，she，it などのとき）

3 go の過去形　　　　　　4 go の ing 形

✔️ 主語が your grandfather で does を使った疑問文なので，動詞の原形（変化しないもとの形）の **1** が適切です。go to bed で「寝る」という意味を表します。

📖 **WORDS & PHRASES**

□ **What time ～?**―何時に～か。　　□ **go to bed**―寝る　　□ **every**―毎～，～ごとに

---

(15) **ルークと私は学校のバスケットボールチームに所属しています。**

1 be 動詞の原形

2 ～います（主語が you，we，they などで，現在の be 動詞）

3 ～いました（主語が I，he，she，it などで，過去の be 動詞）

4 ～います（主語が he，she，it などで，現在の be 動詞）

✔️ 主語が Luke and I（＝ We）であることから，それに続く be 動詞としては **2** が適切です。

📖 **WORDS & PHRASES**

□ **on**―～に属して　　□ **basketball**―バスケットボール　　□ **team**―チーム

2

(問題 p.052)

(16)
女性1: 先週末ブライソン湖のそばのイタリア料理店に行ったわ。
女性2: どうだった？
女性1: すばらしかった。料理がとても気に入ったわ。

  1 それはいくらだったの？
  2 あなたはどこへ行ったの？
  3 あなたはだれといっしょだったの？
  4 どうだった？

✅ イタリア料理店に行ったという女性1がIt was wonderful.（すばらしかった。）と答えていることから，感想を聞いている**4**が適切です。1は値段を聞くときの言い方です。

📖 **WORDS&PHRASES**
□ by 〜 ― 〜のそばの　　□ last 〜 ― この前の〜，先〜　　□ weekend ― 週末

(17)
少女: デイビッド，今日私と映画に行かない？
少年: いや，ぼくは宿題をしなくてはならないんだ。また今度ね。

  1 ぼくは映画に行きたいんだ。
  2 きみは1つ持つことができるよ。
  3 きみはそこで勉強してもいいよ。
  4 ぼくは宿題をしなくてはならないんだ。

✅ can you go to a movie with me today?（今日私と映画に行かない？）と誘われて，Noと答えていることから，行けない理由を述べている**4**が適切です。

📖 **WORDS&PHRASES**
□ maybe ― たぶん　　□ have to 〜 ― 〜しなければならない

(18)
息子: お母さん，カレーを作りたいんだ。にんじんはいくつあるの？
母親: わからないわ。台所を見てみるわね。

  1 もちろんよ。　　　　　　　　2 台所を見てみるわね。
  3 ではまたあとで。　　　　　　4 今日はこれで終わりよ。

069

✔ 「にんじんはいくつあるの？」と聞かれて，I'm not sure.（わからない わ。）と答えていることから，**2**が適切です。

> **📖 WORDS&PHRASES**
> ☐ **How many 〜?** — いくつの〜か？　　☐ **Of course.** — もちろん。

(19)
生徒1：今朝，新しい先生に会ったよ。
生徒2：きみは彼をどう思う？
生徒1：彼はとてもやさしいよ。きみは彼を好きになるよ。

　　　1 きみは彼をどう思う？
　　　2 彼の名前は何？
　　　3 きみは彼に何を言ったの？
　　　4 ぼくたちは今日何を勉強するの？

✔ 「新しい先生に会った」という生徒1が He's very kind.（彼はとても やさしいよ。）と答えていることから，先生の印象を聞いている**1**が適 切です。

> **📖 WORDS&PHRASES**
> ☐ **met** — **meet**（〜に会う）の過去形　　☐ **kind** — やさしい

(20)
息子：自分の部屋をそうじしたよ，お母さん。
母親：よくやったわね！　**本当にすてきに見えるわよ。**

　　　1 あなたは終えてなかったわ。
　　　2 あなたはそれを買うことができないわ。
　　　3 本当にすてきに見えるわよ。
　　　4 それはちがう部屋にあるわよ。

✔ 自分の部屋をそうじしたという息子に，Great job!（よくやったわ ね！）と言っていることから，きれいになった部屋のことについて述べ ている**3**が適切です。

> **📖 WORDS&PHRASES**
> ☐ **clean** — 〜をそうじする　　☐ **look** — 〜に見える　　☐ **different** — ちがう

3

(問題　p.053)

(21)　**I (learned to cook from my) mother.**

☑️　「料理を学ぶ」は「料理することを学ぶ」と考えて learn to cook で表します。ここでは過去の文なので，過去形 learned となります。「母から」は from my mother とします。

(22)　**(Is Emily a member of the music club)?**

☑️　be動詞を使った疑問文〈Be動詞＋主語 ～?〉の形にします。「音楽部のメンバー」は，a member of the music club とします。

(23)　**(Who was speaking to you) in the classroom?**

☑️　「だれがあなたに話しかけていたのですか」と考えて，Who を使った過去進行形〈be動詞の過去形＋動詞の ing 形〉の疑問文の形にします。「～に話しかける」は speak to ～ で表します。

(24)　**(How long does Chris study) in the evening?**

☑️　「どのくらい」と時間や期間を聞くときは How long で表します。これに「クリスは夕方に勉強しますか」という文 does Chris study in the evening? を続けます。

(25)　**Hiroshi's (house is next to the flower shop).**

☑️　「～の隣です」は is next to ～ で表します。主語「宏の家」は Hiroshi's house となります。

19年度　第1回　筆記

071

4A

(問題　p.054 〜 055)

本文の意味

秋の特売

㉖9月23日から10月7日まで
セオのパン屋が秋の特売を開催します。

サンドイッチがすべて20%割り引きになります。
クッキー1袋が4ドルです。
㉗各日先着30名様に無料の飲み物を差し上げます。

特売の間の営業時間は
午前8時から午後6時までです。
10月1日はお休みいたします。

㉖　特売はいつ終わりますか。
1　9月20日です。　　　　　　　　2　9月23日です。
3　10月1日です。　　　　　　　　4　10月7日です。

- -

✔ the sale の期間について書かれている下線部㉖に注目します。from
September 23 to October 7 とあるので，正解は**4**です。

㉗　特売の間，各日先着30名の人々は何を得ますか。
1　無料のサンドイッチです。　　　2　無料のクッキー1袋です。
3　無料の飲み物です。　　　　　　4　無料のパン1切れです。

- -

✔ the first 30 people について書かれている下線部㉗に注目します。
The first 30 people each day will get a free drink. とあるので，正
解は**3**です。

📖 WORDS&PHRASES

□**autumn**―秋　　□**sale**―特売　　□**bakery**―パン屋
□**from A to B**―AからBまで　　□**September**―9月　　□**October**―10月
□**off**―割り引いて　　□**first**―最初の　　□**each**―各　　□**free**―無料の
□**during** 〜―〜の間中

4B

（問題　p.056 ～ 057）

本文の意味

送信者：トーマス・マーフィー
宛先：ハンナ・マーフィー
日付：11月3日
件名：きみとジャックの夕食

やあ ハンナ，
㉘お母さんと私は今夜遅くまで働かなくてはならないから，夕食には家にいないよ。
きみと弟［兄］はだいじょうぶかな？　きみとジャックのピザを注文してもいいけ
ど，サラダも買うんだよ。私の机の中にお金があるよ。私は9時ごろ帰る予定だよ。
愛をこめて，
父

送信者：ハンナ・マーフィー
宛先：トーマス・マーフィー
日付：11月3日
件名：ありがとう

こんにちは お父さん，
Eメールをありがとう。㉙お父さんの机からお金をもらったわ。サラダ1つとピザ
2枚を注文するわね。ジャックと私が1枚を食べるから，お父さんとお母さんは帰
宅してからもう1枚を食べていいわよ。㉚私はアイスクリームも買いたいな。いい
かしら？　ところで，おばあちゃんから電話があったわ。明日折り返しかけてね。
それでは9時に，
ハンナ

㉘　…ので，ハンナとジャックは夕食にピザを食べるつもりです。
1　ジャックの誕生日な
2　彼らの祖母が訪れる予定な
3　ハンナが料理することが好きではない
4　彼らの両親が遅くまで働かなくてはならない

073

✓ ハンナとジャックが夕食にピザを食べる理由は，トーマス（父親）からのEメールの冒頭の下線部㉘に Mom and I have to work late tonight, so we won't be home for dinner. とあるので，正解は**4**です。

(29) ハンナはどこで夕食のお金を得ましたか。
1 お母さんのかばんからです。　　2 お父さんの机からです。
3 おばあさんからです。　　　　　4 ジャックからです。

✓ get money に注目すると，下線部㉙に I got the money from your desk. とあるので，正解は**2**です。

(30) ハンナは何を買いたいのですか。
1 アイスクリームです。　　　　　2 飲み物です。
3 新しい電話です。　　　　　　　4 おばあさんへのプレゼントです。

✓ want to に注目すると，下線部㉚に I want to get some ice cream, too. とあるので，正解は**1**です。

📖 **WORDS&PHRASES**

□ **late**—遅くまで　　□ **won't**—will not の短縮形　　□ **order**—〜を注文する
□ **pizza**—ピザ　　□ **salad**—サラダ　　□ **too**—〜もまた　　□ **money**—お金
□ **around**〜—〜ごろ　　□ **〜 o'clock**—〜時　　□ **Thanks for 〜.**—〜をありがとう。
□ **got**—get（〜を得る）の過去形　　□ **the other**—もう一方の
□ **get home**—帰宅する　　□ **want to 〜**—〜したい　　□ **by the way**—ところで
□ **call 〜 back**—〜に折り返し電話をする　　□ **because 〜**—〜なので
□ **visit**—訪れる　　□ **drink**—飲み物

4C

（問題　p.058 〜 059）

本文の意味

ミンディーのピクニック

　ミンディーは 14 歳で，ニューヨーク市に住んでいます。6 月のある日，彼女のお父さんが「ピクニックをしよう。」と言いました。㉛次の日，彼らは朝早くにサンドイッチを作りました。それから，彼らは市の外へ車で出かけました。

　彼らは 2 時間車を運転して，川を見つけました。㉜川の近くには多くの木や花がありました。ピクニックのテーブルもありましたが，人はいませんでした。彼らが車から出たときは晴れていました。㉝しかし寒かったので，彼らは驚きました。㉞景色はとてもすばらしかったので，彼らは昼食の前に川のそばを散歩しました。30 分後に，彼らはおなかがすいたので，テーブルの 1 つにすわって食べました。㉟食べ終えたあと，彼らはくつろぎたいと思いました。ミンディーのお父さんは本を読みたかったのですが，寒すぎました。だから，彼らは家に帰りました。彼らはもっと暖かい日にまた川のそばでピクニックをしたいと思っています。

19 年度　第 **1** 回　筆記

(31)　ミンディーとお父さんは朝早くに何をしましたか。
　　1 彼らは花を見ました。　　　　2 彼らはサンドイッチを作りました。
　　3 彼らは泳ぎに行きました。　　4 彼らは書店まで車を運転しました。

- -

　☑ What を使って，ミンディーとお父さんが朝早くにしたことをたずねています。下線部㉛に The next day, they made sandwiches early in the morning. とあるので，正解は 2 です。

(32)　川の近くには，…がありました [いました]。
　　1 多くの木や花　　　　　　　2 多くの人
　　3 動物　　　　　　　　　　　4 お店

- -

　☑ 下線部㉜に There were a lot of trees and flowers near the river. とあるので，正解は 1 です。

075

(33) ミンディーとお父さんはなぜ驚いたのですか。

1 川がきれいではありませんでした。
2 サンドイッチがおいしくありませんでした。
3 雨が降っていました。
4 寒かったのです。

Why を使って，ミンディーとお父さんが驚いた理由を聞いています。下線部㉝に But it was cold, so they were surprised. とあるので，正解は4です。

(34) ミンディーとお父さんはいつ散歩に行きましたか。

1 朝早くです。
2 昼食を食べる前です。
3 昼食を食べたあとです。
4 本を読んだあとです。

When を使って，ミンディーとお父さんが散歩に行った時を聞いています。下線部㉞に…, so they took a walk by the river before lunch. とあるので，正解は2です。

(35) ミンディーとお父さんは昼食後に何をしましたか。

1 彼らはデザートを食べました。
2 彼らは川で泳ぎました。
3 彼らは家に帰りました。
4 彼らは買い物に行きました。

What を使って，ミンディーとお父さんが昼食後にしたことを聞いています。下線部㉟に昼食を食べ終えたあとのことが書かれており，So, they went home. とあるので，正解は3です。

WORDS&PHRASES

□ ～ years old ― ～歳　□ one day ― ある日　□ early ― 早く　□ then ― それから
□ drove ― drive（車を運転する）の過去形　□ out of ～ ― ～の外へ
□ found ― find（～を見つける）の過去形　□ be surprised ― 驚く　□ view ― 景色
□ pretty ― すばらしい　□ take a walk ― 散歩する　□ by ～ ― ～のそばで
□ sat ― sit（すわる）の過去形　□ ate ― eat（食べる）の過去形　□ relax ― くつろぐ
□ go for a walk ― 散歩に行く　□ dessert ― デザート
□ swam ― swim（泳ぐ）の過去形

リスニングテスト第1部

（問題　p.060 〜 061）

〈例題〉

A: Hi, my name is Yuta.　　「やあ，ぼくの名前はユウタだよ。」

B: Hi, I'm Kate.　　「こんにちは，私はケイトよ。」

A: Do you live near here?　　「きみはこの近くに住んでいるの？」

　　1　I'll be there.　　　　1「そちらに行きます。」

　　2　That's it.　　　　2「それだわ。」

　　3　**Yes, I do.**　　　　**3「ええ，そうよ。」**

No.1

A: I have some news.　　「ニュースがあるわよ。」

B: What is it?　　「何だい？」

A: A student from Italy will come next week.　　「イタリアからの生徒が来週来るのよ。」

　　1　I don't know.　　　　1「知らないよ。」

　　2　I like my teacher.　　　　2「ぼくの先生が好きだよ。」

　　3　**That's exciting.**　　　　**3「それはわくわくするね。」**

No.2

A: What are you doing?　　「何をしているのですか。」

B: I'm looking for my pen.　　「私のペンを探しているんです。」

A: Did you look in your desk?　　「机の中を見ましたか。」

　　1　The desk is new.　　　　1「机は新しいです。」

　　2　**Yes, but it's not there.**　　　　**2「はい，でもそこにはありません。」**

　　3　I bought it yesterday.　　　　3「昨日それを買いました。」

✓ Did you 〜 ?（〜しましたか。）と聞かれているので，Yes と答えている**2**が適切です。

No.3

A: Where were you, Tom?	「どこにいたの，トム？」
B: I went to the department store.	「デパートへ行ったんだ。」
A: What did you get?	「何を買ったの？」
1 Some shoes.	1「くつだよ。」
2 This afternoon.	2「今日の午後だよ。」
3 By car.	3「車でだよ。」

No.4

A: It's very cloudy.	「とても曇っているよ。」
B: You're right.	「その通りね。」
A: We should take an umbrella.	「かさを持っていくべきだね。」
1 Yeah, let's do that.	1「ええ，そうしましょう。」
2 Yes, you are.	2「ええ，あなたが。」
3 At home.	3「家でよ。」

No.5

A: How was your trip to Guam?	「グアム旅行はどうでしたか。」
B: It was fun.	「楽しかったです。」
A: When did you get back?	「いつ戻ったのですか。」
1 At the beach.	1「浜辺でです。」
2 Yesterday.	2「昨日です。」
3 With my wife.	3「妻とです。」

◢ When ～？と時をたずねているので，Yesterday.（昨日です。）と答えている **2** が適切です。

No.6

A: Your steak looks good.

B: It is. Do you want some?

A: Yes, please.

  1 Here you are.

  2 With rice.

  3 Me, too.

「あなたのステーキはおいしそうね。」

「おいしいよ。少し食べる？」

「ええ，お願い。」

  1　「はい，どうぞ。」

  2　「ご飯といっしょに。」

  3　「ぼくもだよ。」

No.7

A: How was the speech contest?

B: I was nervous, but I did well.

A: How many people were there?

  1 Maybe next time.

  2 I went there before.

  3 Almost 200.

「スピーチコンテストはどうだった？」

「緊張したけど，うまくいったよ。」

「何人いたの？」

  1　「また今度ね。」

  2　「ぼくは以前そこへ行ったよ。」

  3　「ほぼ200人だよ。」

◢ How many people 〜?と人数を聞かれているので，Almost 200.（ほぼ200人だよ。）と答えている**3**が適切です。

No.8

A: What's that?

B: Some candy.

A: Can I have some?

  1 In my bag.

  2 For my mother.

  3 Sure.

「それは何？」

「キャンディーよ。」

「いくつかもらっていい？」

  1　「私のかばんの中よ。」

  2　「母によ。」

  3　「いいわよ。」

No.9

🔊
A: Matt, your grandparents are going to come tomorrow.
B: Really?
A: Yes. Clean your room, please.
　1　That's mine.
　2　All right.
　3　It's near here.

「マット，おじいちゃんとおばあちゃんが明日来るわよ。」
「本当に？」
「うん。自分の部屋をきれいにしてちょうだいね。」
1「それはぼくのだよ。」
2「わかったよ。」
3「それはこの近くにあるよ。」

「自分の部屋をきれいにしてちょうだいね。」と言われて，了解したという状況なので，All right.（わかったよ。）と言っている**2**が適切です。

No.10

🔊
A: Do you study Korean?
B: Yes. Every day.
A: Can you read a Korean newspaper?
　1　No, not really.
　2　Right, it's mine.
　3　Well, a little Chinese.

「韓国語を勉強しているのですか。」
「はい。毎日です。」
「韓国の新聞を読めますか。」
1「いいえ，それほどは。」
2「その通り，それは私のです。」
3「ええと，少し中国語を。」

リスニングテスト第2部 (問題 p.062〜063)

No.11

A: Greg, is this blue pencil case yours?
B: No, mine is black, Ms. Jones.
A: Is it Jim's?
B: No, his is red.

Question **What color is Greg's pencil case?**

A: グレッグ，この青い筆箱はあなたのですか。
B: いいえ，ぼくのは黒色です，ジョーンズ先生。
A: ジムのですか。
B: いいえ，彼のは赤色です。

質問 **グレッグの筆箱は何色ですか。**
1 青色です。　　　　　　　　**2 黒色です。**
3 赤色です。　　　　　　　　4 白色です。

 「青い筆箱はあなたのですか。」と聞かれた少年（グレッグ）が mine is black （ぼくのは黒色です）と答えているので，**2** が適切です。1 は先生が聞いている筆箱，3 はジムの筆箱の色です。

No.12

A: Let's go to the movies.
B: No, I don't want to.
A: How about the park, then?
B: OK, that sounds like fun.

Question **Where will they go?**

A: 映画に行きましょう。
B: いや，行きたくないな。
A: それじゃあ，公園はどう？
B: いいよ，楽しそうだね。

質問 **彼らはどこへ行きますか。**

1　映画です。　　　　　　　**2　公園です。**
3　少年の家です。　　　　　4　少女の家です。

☑　映画には行きたくないと言う少年が，少女に How about the park,
then?（それじゃあ，公園はどう？）と聞かれて OK と答えているの
で，**2** が適切です。

No.13

🔊　*A:* Dad, when does the next bus come?
　　B: At 7:30.
　　A: What time is it now?
　　B: 7:10. We have to wait for 20 minutes.
　　Question **What time is the next bus?**

A: お父さん，次のバスはいつ来るの？
B: 7時30分だよ。
A: 今何時？
B: 7時10分だよ。20分待たなければならないね。
質問 **次のバスは何時ですか。**
1　7時10分です。　　　　　2　7時20分です。
3　7時30分です。　　　　4　7時40分です。

☑　when does the next bus come?（次のバスはいつ来るの？）と聞か
れた父親が At 7:30.（7時30分だよ。）と答えているので，**3** が適切
です。1 は今の時刻です。

No.14

🔊　*A:* How is your sister, Jack?
　　B: She's fine, Ms. Roberts. She really likes her college.
　　A: What is she studying?
　　B: History. She wants to be a teacher.
　　Question **What are they talking about?**

A: あなたのお姉[妹]さんは元気ですか，ジャック。

B: 元気です，ロバーツ先生。彼女は大学が本当に好きですよ。

A: 彼女は何を勉強しているのですか。

B: 歴史です。彼女は先生になりたいのです。

質問 彼らは何について話していますか。

1 ジャックのお姉[妹]さんです。

2 ジャックの大好きな教科です。

3 ジャックの歴史のテストです。

4 ジャックの学校です。

✓ 最初にロバーツ先生が How is your sister, Jack?（あなたのお姉[妹]さんは元気ですか，ジャック。）と聞いてから，ジャックのお姉[妹]さんの話をしているので，**1**が適切です。

No.15

A: Can you bring some juice to the picnic?

B: Sure.

A: I'll bring some sandwiches, and Lisa will bring a salad.

B: OK. See you tomorrow.

Question **What will the boy bring to the picnic?**

A: ピクニックにジュースを持ってきてくれる？

B: いいよ。

A: 私はサンドイッチを，リサはサラダを持ってくるわ。

B: わかった。ではまた明日。

質問 少年はピクニックに何を持ってきますか。

1 サラダです。 　　　　　　　2 デザートです。

3 ジュースです。 　　　　　　4 サンドイッチです。

✓ 少女に Can you bring some juice to the picnic?（ピクニックにジュースを持ってきてくれる？）と聞かれた少年が Sure.（いいよ。）と答えているので，**3**が適切です。**1**はリサが，**4**は少女が持ってくるものです。

19年度　第1回　リスニング

083

No.16

A: Takumi, you speak English very well.

B: Thank you, Alicia.

A: How long did you live in Canada?

B: Six years. I came back to Japan three months ago.

| Question | **How long did Takumi live in Canada?**

A: タクミ，あなたはとても上手に英語を話すわね。

B: ありがとう，アリシア。

A: どれくらいカナダに住んでいたの？

B: 6年だよ。3か月前に日本に戻って来たんだ。

| 質問 | **タクミはどれくらいカナダに住んでいましたか。**

1　3か月です。　　　　　　　2　6か月です。

3　3年です。　　　　　　　　**4　6年です。**

☑　どれくらいカナダに住んでいたかを聞かれた少年(タクミ)が Six
years.（6年だよ。）と答えているので，**4**が適切です。

No.17

A: What will we do in science class today?

B: We'll watch a movie.

A: What is it about?

B: Animals in Australia.

| Question | **What will they do today?**

A: 今日，理科の授業で何をするのですか。

B: 映画を見ますよ。

A: 何についてのですか。

B: オーストラリアの動物です。

| 質問 | **彼らは今日何をしますか。**

1　オーストラリア料理を食べます。

2　映画を見ます。

3　動物園を訪れます。

4 科学博物館へ行きます。

 What will we do in science class today?(今日,理科の授業で何をするのですか。)と聞かれた男性が,We'll watch a movie.(映画を見ますよ。)と答えているので,2が適切です。

No.18

A: Hello?
B: Hello, Mrs. Williams. It's Scott. Is Jeff home?
A: No, Scott. He's at baseball practice.
B: OK, I'll call back later.
Question **Who will call back later?**

A: もしもし?
B: こんにちは,ウィリアムズさん。スコットです。ジェフはいますか。
A: いいえ,スコット。野球の練習に行っているわ。
B: わかりました,あとでかけ直します。
質問 だれがあとで電話をかけ直しますか。
1 ウィリアムズさんです。
2 ジェフです。
3 スコットの野球のコーチです。
4 スコットです。

 ジェフが家にいないと言われた少年(スコット)が,最後にOK, I'll call back later.(わかりました,あとでかけ直します。)と言っているので,4が適切です。

No.19

A: Excuse me, could I have these roses, please?
B: Sure. Are they a present?
A: Yes, for my mother's birthday.
B: That's nice of you.
Question **What is the girl doing?**

A: すみません，これらのばらをいただけますか。

B: もちろんです。プレゼントですか。

A: はい，母の誕生日用です。

B: やさしいのですね。

質問 **少女は何をしていますか。**

1 プレゼントを買っています。　　2 お母さんを手伝っています。

3 パーティーに行っています。　　4 公園を歩いています。

☑ ばらを求めている少女が Are they a present?（プレゼントですか。）と聞かれて Yes と答えていることから，1 が適切です。

No.20

🔊 *A:* Mom, can I use your camera at the festival tonight?

B: Why?

A: I want to take pictures for the school newspaper.

B: OK, but be careful.

Question **What does the boy want to do?**

A: お母さん，今夜お祭りでお母さんのカメラを使ってもいい？

B: どうして？

A: 学校新聞の写真を撮りたいんだよ。

B: いいわよ，でも気をつけてね。

質問 **少年は何をしたいのですか。**

1 お母さんのカメラを使うことです。　　2 絵をかくことです。

3 学校まで歩くことです。　　4 新聞を読むことです。

☑ 少年が最初に Mom, can I use your camera at the festival tonight?（お母さん，今夜お祭りでお母さんのカメラを使ってもいい？）と聞いていることから，1 が適切です。

086

リスニングテスト第3部 （問題 p.064～065）

No.21

My father is a pilot. He flies a big airplane. He always sends me postcards from many different countries.

Question **What is the boy talking about?**

- -

ぼくの父はパイロットです。彼は大きな飛行機を操縦します。彼はいつも多くの様々な国からぼくにはがきを送ってくれます。

質問 **少年は何について話していますか。**
1 彼の旅行です。 　　　　　　2 彼のお気に入りのおもちゃです。
3 彼の職業です。 　　　　　　**4 彼のお父さんです。**

- -

✒ 最初に My father is a pilot. （ぼくの父はパイロットです。）と言って，そのあともお父さんの話を続けているので，**4**が適切です。

📖 WORDS & PHRASES
□ **fly**―～を操縦する　□ **always**―いつも　□ **different**―様々な　□ **job**―職業

No.22

On Sundays, I clean the house with my family. I wash the windows. My brother cleans the bathroom, and my sister cleans the living room.

Question **Who cleans the bathroom?**

- -

日曜日に，私は家族と家をそうじします。私は窓をふきます。兄［弟］は浴室をそうじして，姉［妹］は居間をそうじします。

質問 **だれが浴室をそうじしますか。**
1 少女です。 　　　　　　　　2 少女のお母さんです。
3 少女のお姉［妹］さんです。　**4 少女のお兄［弟］さんです。**

- -

✒ Who ～?を使って，だれが浴室をそうじするかをたずねています。
My brother cleans the bathroom（兄［弟］は浴室をそうじします）と言っていることから，**4**が適切です。**1**は窓，**3**は居間をそう

19年度 第**1**回 リスニング

087

じします。

📖 **WORDS&PHRASES**

□ **window**—窓　　□ **bathroom**—浴室　　□ **living room**—居間

No.23

🔊 Asami will go to Europe.　She will spend five days in London and then go to Paris.　She'll stay there for three days.

Question **How many days will Asami be in London?**

- -

アサミはヨーロッパへ行く予定です。彼女はロンドンで5日過ごしてそれからパリへ行きます。彼女はそこに3日間滞在します。

質問 **アサミはロンドンに何日いますか。**

1　3日です。　　　　　　　　　　2　4日です。

3　5日です。　　　　　　　　　　4　6日です。

- -

✒️ How many ～?を使って，アサミがロンドンにいる日数をたずねています。She will spend five days in London（彼女はロンドンで5日間過ごします）と言っているので，**3**が適切です。1はパリに滞在する日数です。

📖 **WORDS&PHRASES**

□ **Europe**—ヨーロッパ　　□ **spend**—～を過ごす　　□ **stay**—滞在する

No.24

🔊 I usually make sandwiches for lunch.　But today, I went to a Chinese restaurant with my friend.　I had chicken and rice.

Question **What does the woman usually have for lunch?**

- -

私はいつもは昼食にサンドイッチを作ります。でも今日は，友人と中華料理店へ行きました。私は鶏肉とご飯を食べました。

質問 **女性はいつもは昼食に何を食べますか。**

1　サンドイッチです。　　　　　2　スープです。

3　ご飯です。　　　　　　　　　　4　鶏肉です。

- -

088

☑ 最初に I usually make sandwiches for lunch.（私はいつもは昼食にサンドイッチを作ります。）と話しているので，**1** が適切です。

📖 **WORDS&PHRASES**

☐ **usually**―いつもは　☐ **Chinese**―中国の　☐ **had**―**have**（～を食べる）の過去形

No.25

🔊 Keiko's best friend Yuka lives in California. Yuka's father works there. Keiko writes to Yuka every week, and sometimes they talk on the phone.

Question **What does Keiko do every week?**

ケイコの親友のユカはカリフォルニアに住んでいます。ユカのお父さんはそこで働いています。ケイコは毎週ユカに手紙を書いて，ときどき彼女らは電話で話します。

質問 ケイコは毎週何をしますか。
1 彼女はお父さんに電話します。
2 彼女はお父さんを手伝います。
3 彼女はユカに手紙を書きます。
4 彼女はユカの家を訪れます。

☑ Keiko writes to Yuka every week（ケイコは毎週ユカに手紙を書きます）と言っているので，**3** が適切です。

📖 **WORDS&PHRASES**

☐ **write to ～**――～に手紙を書く　☐ **sometimes**―ときどき　☐ **on the phone**―電話で

No.26

🔊 Welcome to Kennedy Town Fair. The flower contest is from ten to eleven. The horse races will start at one. Don't miss the fireworks at seven o'clock tonight.

Question **What time will the horse races start?**

ケネディタウンフェアへようこそ。花のコンテストは10時から11時までです。馬の競走は1時に始まります。今夜7時の花火をお見逃しなく。

質問 馬の競走は何時に始まりますか。

1　10時です。 　　　　　　　　　　2　11時です。

3　1時です。 　　　　　　　　　　4　7時です。

✔️ What time ~? を使って，馬の競走が始まる時刻をたずねています。The horse races will start at one.（馬の競走は1時に始まります。）と言っているので，**3** が適切です。1は花のコンテストが始まる時刻，2は花のコンテストが終わる時刻，4は花火の時刻です。

📖 WORDS&PHRASES

□ **from A to B**— AからBまで　　□ **miss**—～を見逃す　　□ **fireworks**—花火

No.27

🔈 Jane loves animals, but she can't have a cat or dog in her apartment. Her parents bought her a turtle for her birthday. She loves it.

Question **What kind of pet does Jane have?**

ジェーンは動物が大好きですが，彼女のアパートではねこや犬を飼うことができません。彼女の両親は彼女の誕生日にかめを買ってあげました。彼女はそれが大好きです。

質問 ジェーンはどんな種類のペットを飼っていますか。

1　犬です。 　　　　　　　　　　2　ねこです。

3　魚です。 　　　　　　　　　　**4　かめです。**

✔️ Her parents bought her a turtle for her birthday. She loves it.（彼女の両親は彼女の誕生日にかめを買ってあげました。彼女はそれが大好きです。）と言っているので，**4** が適切です。

📖 WORDS&PHRASES

□ **apartment**—アパート　　□ **bought**—**buy**（～に〈…を〉買う）の過去形

No.28

🔈 I had lunch at my favorite restaurant today. They sell many desserts, but they don't have ice cream. I ate some chocolate pie. Next time, I'll try the cake.

Question **Which dessert did the woman have today?**

私は今日お気に入りのレストランで昼食を食べました。そこでは多くのデザートを売っていますが，アイスクリームはありません。私はチョコレートパイを食べました。次回は，ケーキを食べてみるつもりです。

質問 **女性は今日どのデザートを食べましたか。**

1 チョコレートパイです。　　　　2 クッキーです。

3 アイスクリームです。　　　　　4 チョコレートケーキです。

☑ Which ～? を使って，女性が今日食べたデザートをたずねています。最初に今日お気に入りのレストランで昼食を食べたことを言った上で，I ate some chocolate pie. （私はチョコレートパイを食べました。）と言っているので，1 が適切です。

📖 WORDS&PHRASES
□ favorite — お気に入りの　　□ sell — ～を売る　　□ try — ～を食べてみる

No.29

🔈 I'm looking for my phone. It's not in my car. I looked all around the house, but I can't find it.

Question **What is the man's problem?**

私は私の電話を探しています。車の中にはありません。家中を見ましたが，見つけられません。

質問 **男性の問題は何ですか。**

1 彼は車のかぎを見つけられません。

2 彼は電話を見つけられません。

3 彼の車が壊れています。

4 彼の家が寒いです。

☑ 最初に I'm looking for my phone. （私は私の電話を探しています。）と言っていて，I looked all around the house, but I can't find it. （家中を見ましたが，見つけられません。）と話していること

19年度　第1回　リスニング

091

から，**2**が適切です。

📖 WORDS&PHRASES

□ look for ～ーー～を探す 　□ all around ～ーー～中を 　□ problem—問題

No.30

🔊

Toshi started drum lessons last week. He usually plays basketball in the park on Saturdays, but he wants to practice the drums this weekend, so he'll stay home.

Question **Why will Toshi stay home this weekend?**

- -

トシは先週ドラムのレッスンを始めました。彼はいつもは土曜日に公園でバスケットボールをしますが，今週末はドラムを練習したいので，家にいるつもりです。

質問 **トシはなぜ今週末，家にいるつもりなのですか。**

1　彼はバスケットボールをしたいのです。
2　彼はドラムを練習したいのです。
3　彼には多くの宿題があります。
4　公園が閉まります。

- -

📝 Why ～? を使ってトシが今週末，家にいる理由をたずねています。最後に he wants to practice the drums this weekend, so he'll stay home（今週末，彼はドラムを練習したいので，家にいるつもりです）と言っているので，**2**が適切です。

📖 WORDS&PHRASES

□ drums—ドラム 　□ basketball—バスケットボール 　□ want to ～ーー～したい
□ practice—～を練習する

英検4級

2019年度・第2回　解答と解説

筆記 [p.068 - p.077]

1
(1) 2	(2) 4	(3) 1	(4) 4	(5) 1
(6) 4	(7) 4	(8) 1	(9) 3	(10) 2
(11) 2	(12) 2	(13) 4	(14) 4	(15) 3

2
(16) 2	(17) 4	(18) 3	(19) 1	(20) 4

3
(21) 4	(22) 3	(23) 3	(24) 2	(25) 1

4A (26) 3　(27) 3

4B (28) 1　(29) 4　(30) 2

4C (31) 1　(32) 2　(33) 3　(34) 1　(35) 3

リスニング [p.078 - p.083]

第1部 [No.1] 1　[No.2] 1　[No.3] 2　[No.4] 1　[No.5] 1
[No.6] 3　[No.7] 3　[No.8] 2　[No.9] 2　[No.10] 3

第2部 [No.11] 2　[No.12] 3　[No.13] 1　[No.14] 2　[No.15] 1
[No.16] 3　[No.17] 4　[No.18] 1　[No.19] 2　[No.20] 4

第3部 [No.21] 1　[No.22] 3　[No.23] 2　[No.24] 3　[No.25] 4
[No.26] 1　[No.27] 2　[No.28] 3　[No.29] 2　[No.30] 4

1

(問題　p.068 〜 069)

(1) *A:* あなたには何人の子どもがいるのですか。
B: 3人です。男の子2人と女の子1人です。

1　dance（踊り）の複数形　　　　2　child（子ども）の複数形
3　farm（農場）の複数形　　　　4　day（日）の複数形

- -

📝　Bが Two boys and one girl.（男の子2人と女の子1人です。）と答え
ていることから，**2**が適切です。How many 〜? は数を聞くときの言
い方です。

📖 WORDS&PHRASES

□ **have** — 〜がいる　　□ **children** — child（子ども）の複数形　　□ **farm** — 農場

---

(2) 私が父のカメラを落としたので，彼はとても怒っていました。

1　hope（〜を望む）の過去形　　　2　answer（〜に答える）の過去形
3　visit（〜を訪れる）の過去形　　　4　drop（〜を落とす）の過去形

- -

📝　コンマのあとの he was very angry（彼はとても怒っていました）か
ら，my father's camera（父のカメラ）に合うものとして，**4**が適切
です。

📖 WORDS&PHRASES

□ **camera** — カメラ　　□ **angry** — 怒って　　□ **drop** — 〜を落とす

---

(3) サトミの学校では今日英語のスピーチコンテストがありました。サトミは
とてもうまくいったので，うれしく思いました。

1　コンテスト　　2　地図　　3　旅行　　4　劇

- -

📝　she（＝Satomi）did very well（彼女はとてもうまくいった）と言って
いることから，English speech（英語のスピーチ）に続くものとして，
1が適切です。

📖 WORDS&PHRASES

□ **speech** — スピーチ　　□ **do well** — うまくいく　　□ **contest** — コンテスト

094

(4) オレンジジュースを1つお願いします。

B: どの大きさになさいますか。

A: Sサイズをお願いします。

1 方法　　2 時間　　3 音　　**4 大きさ**

✏️ オレンジジュースを注文して，Small, please.（Sサイズをお願いします。）と答えていることから，**4**が適切です。

📖 **WORDS&PHRASES**

□ would like 〜 ― 〜がほしい　　□ small ― 小さい　　□ size ― 大きさ

----

(5) カレンは毎週土曜日の午前に小さい妹を公園に連れていきます。

1 小さい　　2 little（少ない）の比較級　　3 長い　　4 左の

✏️ little sister で「妹」という意味を表すことから，**1**が適切です。

📖 **WORDS&PHRASES**

□ take A to B ― A を B に連れていく　　□ less ― little（少ない）の比較級

----

(6) *A:* お父さん，私の数学の宿題が難しすぎるの。手伝ってくれない？

B: いいよ，ジュディ。

1 役立つ　　2 準備ができた　　3 完全な　　**4 難しい**

✏️ Aが2文目で Can you help me?（手伝ってくれない？）と父親に聞いていることから，**4**が適切です。

📖 **WORDS&PHRASES**

□ math ― 数学　　□ too ― 〜すぎる　　□ useful ― 役立つ　　□ difficult ― 難しい

----

(7) *A:* 週末の予定は何かあるの，ボブ？

B: うん。家族とぼくは浜辺へ行く予定だよ。

1 part（部分）の複数形

2 present（プレゼント）の複数形

3 poster（ポスター）の複数形

4 plan（予定）の複数形

095

☑ Bが My family and I will go to the beach. (家族とぼくは浜辺へ行く予定だよ。)と言っていることから，for the weekend（週末の）に合うものとして**4**が適切です。

WORDS&PHRASES
□ **weekend**—週末　□ **beach**—浜辺　□ **part**—部分　□ **plan**—予定
---

(8) このお店には多くの種類のケーキがあります。**例えば**，チョコレート，バナナやコーヒーがあります。

1 (for example で)例えば　　2 〜の　　3 〜で　　4 〜と

☑ for example で「例えば」という意味を表すことから，**1**が適切です。

WORDS&PHRASES
□ **kind**—種類　□ **for example**—例えば　□ **chocolate**—チョコレート
---

(9) A: フレッド。ジェーンに会ったら，彼女によろしく**言って**ください。
B: わかりました。言っておきます，ジャクソン先生。

1 〜を聞く　　　　　　　　　2 〜をたずねる
3 〜を言う　　　　　　　　　4 〜を与える

☑ say hello to 〜 で「〜によろしく言う」という意味を表すので，**3**が適切です。

WORDS&PHRASES
□ **say hello to** 〜—〜によろしく言う
---

(10) 犬は自分のボウルの隣にすわってえさを**待ちました**。

1 **wear**（〜を着ている）の過去形
2 wait（待つ）の過去形
3 **walk**（歩く）の過去形
4 **buy**（〜を買う）の過去形

☑ wait for 〜 で「〜を待つ」という意味を表すので，**2**が適切です。

WORDS&PHRASES
□ **next to** 〜—〜の隣に　□ **bowl**—ボウル　□ **wait for** 〜—〜を待つ

096

(11) 私の学校の先生たちは今日，特別な会議がありました。彼らは体育祭について話しました。

1 hope（望む）の過去形　　　　2 talk（話す）の過去形
3 join（加わる）の過去形　　　　4 clean（そうじをする）の過去形

✎ talk about ～ で「～について話す」という意味を表すので，2が適切です。

📖 WORDS&PHRASES
□ special—特別な　　□ meeting—会議　　□ talk about ～—～について話す

(12) A: あなたはサンタの存在を信じるの，クリス？
B: もちろん！　彼は毎年クリスマスにプレゼントを持ってきてくれるよ。

1 ～を磨く　　2 信じる　　3 ～を始める　　4 ～を持ってくる

✎ believe in ～ で「～の存在を信じる」という意味を表すので，2が適切です。

📖 WORDS&PHRASES
□ believe in ～—～の存在を信じる　　□ bring A B—A に B を持ってくる

(13) 昨日は一日中雨が降ったので，私は外出しませんでした。

1 雨が降る（rain の原形）　　　　2 雨が降る（主語が it のとき）
3 雨が降るだろう　　　　　　　　4 rain の過去形

✎ yesterday（昨日）とあることから，過去の文なので，4が適切です。

📖 WORDS&PHRASES
□ all day—一日中　　□ go out—外出する　　□ rain—雨が降る

(14) ジョンのお母さんとお父さんは今，家にいません。彼らはショッピングセンターにいます。

1 do not の短縮形　　　　　　2 does not の短縮形
3 is not の短縮形　　　　　　　4 are not の短縮形

✎ 主語が John's mother and father（ジョンのお母さんとお父さん），

19年度　第2回　筆記

097

空所のあとがhome（家に）で，この文の動詞がないことから，4が適切です。

WORDS&PHRASES
□ home ― 家に　　□ shopping center ― ショッピングセンター

(15) 次の火曜日は私の父の誕生日です。私は彼に腕時計をあげるつもりです。
1 彼は
2 彼の，彼のもの
3 彼に
4 それは，それに

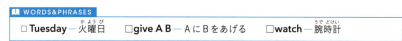

my father を受けて，動詞 give のあとにくるので，「彼に」という意味の目的格である3が適切です。

WORDS&PHRASES
□ Tuesday ― 火曜日　　□ give A B ― A に B をあげる　　□ watch ― 腕時計

2

(問題 p.070)

(16) 少年: ごめんよ，ジュリア。明日きみのパーティーに遅れてしまうんだ。
少女: わかったわ。いつ来られるの？
少年: 5時くらいだよ。

  1 パーティーはどこであるの？

  2 いつ来られるの？

  3 あなたはいつも遅れるの？

  4 何人の人がいるの？

✎ At about 5:00.（5時くらいだよ。）と答えていることから，パーティーに来られる時を聞いている**2**が適切です。

📖 WORDS&PHRASES

□ be late for ～——～に遅れる　　□ always——いつも

----

(17) 母親: もう少しピザがほしい，ダニエル？
息子: うん，ぼくはとてもおなかがすいているんだ。

  1 ぼくは夕食を作りたいよ。

  2 ぼくはそれを食べられないよ。

  3 ぼくはそう思わないよ。

  4 ぼくはとてもおなかがすいているんだ。

✎ Do you want some more pizza?（もう少しピザがほしい？）と聞かれてYesと答えていることから，**4**が適切です。

📖 WORDS&PHRASES

□ more——many, much（多くの）の比較級　　□ want to ～——～したい

----

(18) 少年: やあ，メグ。フランス旅行はどうだった？
少女: 楽しかった。私はいい写真を何枚か撮ったわ。
少年: 本当に？　いつかそれらを見たいな。

  1 カメラは私のよ。

  2 私は何回もそこへ行ったわ。

  3 私はいい写真を何枚か撮ったわ。

4 私は飛行機で行ったわ。

☑️ 少女がフランス旅行が楽しかったと言うのを聞いて，少年が I'd like to see them sometime.（いつかそれらを見たいな。）と言っていることから，**3**が適切です。ここでの them は photos を指しています。

📖 **WORDS&PHRASES**
□ fun ― 楽しいこと　　□ sometime ― いつか　　□ ～ times ― ～回　　□ by ～ ― ～で

(19) **男性:** 土曜日の野球の試合に行くのですか。
女性: いいえ，私は行きません。今週末はいとこを訪ねる予定です。

　　1 いいえ，私は行きません。
　　2 はい，私たちは行かなければなりません。
　　3 いいえ，それはちがいます。
　　4 はい，あなたがそれを言いました。

☑️ 土曜日の野球の試合に行くかと聞かれて，空所のあとで I'll visit my cousin this weekend.（今週末はいとこを訪ねる予定です。）と言っていることから，**1**が適切です。

📖 **WORDS&PHRASES**
□ Saturday ― 土曜日　　□ cousin ― いとこ　　□ have to ～ ― ～しなければならない

(20) **少女1:** あなたはどれくらいの頻度で朝食を食べるの，ジェーン？
少女2: 毎日よ。私はいつも卵とトーストを食べるわ。

　　　　1 私は食べ過ぎたわ。
　　　　2 だれも食べなかったわ。
　　　　3 約20分よ。
　　　　4 毎日よ。

☑️ How often do you eat breakfast?（あなたはどれくらいの頻度で朝食を食べるの？）と聞いていることから，頻度を答えている**4**が適切です。

📖 **WORDS&PHRASES**
□ always ― いつも　　□ ate ― eat（～を食べる）の過去形　　□ minute ― 分

3　　　　　　　　　　　　　　　　　　　　　　　　　　（問題　p.071）

(21)　**Mom, do (you need help with dinner)?**

> ☑ 「〜が必要ですか」は，空所の前に do があるので，you need を続けます。「夕食の手伝い」は「夕食のことでの手伝い」と考えて，help with dinner と並べます。

(22)　**These (shoes are too small for) Adam.**

> ☑ 「このくつ」は，空所の前にある These に複数形の shoes を続けて表します。そのあとに be 動詞 are を続け，「〜には…すぎる」は too … for 〜で表します。ここでは「…」に small，「〜」に Adam が入ります。

(23)　**(There are a lot of places to) visit in Tokyo.**

> ☑ 「〜があります」は，ここでは There are 〜. で表します。「訪れるところがたくさん」は「たくさんの訪れるところ」と考えて，a lot of places to visit と並べます。

(24)　**(Where are you going to) go this summer?**

> ☑ 「どこへ〜か」と場所をたずねる疑問文は，Where 〜? で表します。Where のあとには are you going to go（あなたは行く予定ですか）を続けます。

(25)　**(Thank you for the nice) tie.**

> ☑ 「〜をありがとうございました」は Thank you for 〜. で表します。ここでは「〜」に the nice tie（すてきなネクタイ）が入ります。

4A

（問題 p.072～073）

本文の意味

ピザ・プリンセスの１か月スペシャル
㉖6月19日金曜日から7月18日土曜日まで
ピザ・プリンセスの全品が特売になります！
全てのピザはそれぞれたった8ドルです。
㉗2枚お買い上げの場合は，もう1枚無料で差し上げます！
飲み物はそれぞれ1ドルです。

デザートもございます。ケーキはそれぞれ10ドルです。
ピザが大好きな方は，この特売を逃さずに！
時間：午前11時から午後10時まで

㉖ **特売はいつ終わりますか。**
1 6月18日です。　　　　　　2 6月19日です。
3 7月18日です。　　　　　　4 7月19日です。

- -

✓ the sale について書かれている下線部㉖に注目します。From Friday,
June 19 to Saturday, July 18, … is on sale!（6月19日金曜日から7
月18日土曜日まで…が特売になります！）とあるので，正解は**3**です。
2は特売が始まる日です。

㉗ **もし…ば，無料のピザがもらえます。**
1 飲み物を1つ買え　　　　　2 ケーキを1つ買え
3 ピザを2枚買え　　　　　　4 デザートを2つ買え

- -

✓ a free pizza について書かれている下線部㉗に注目します。If you buy
two pizzas, you'll get one more for free!（2枚お買い上げの場合
は，もう1枚無料で差し上げます！）とあるので，正解は**3**です。

📖 WORDS&PHRASES

□ **from A to B** — AからBまで　　□ **everything** — あらゆるもの　　□ **on sale** — 特売で
□ **each** — それぞれ　　□ **one more** — もう1つの　　□ **for free** — 無料で
□ **miss** — ～を逃す　　□ **end** — 終わる

102

4B

(問題　p.074 ～ 075)

本文の意味

送信者：ブレンダ・ジャクソン
宛先：キャサリン・ジャクソン
日付：7月21日
件名：手伝って！

- -

こんにちは　キャサリン，
私を手伝ってくれない？　㉘今日はお父さんの誕生日よ。私はそのことを忘れていたわ。㉙あなたが帰宅したら，チョコレートクッキーを作って，お願い。仕事のあとで，私は夕食で料理するためにスーパーマーケットでステーキを買うわ。私は6時に帰るわ。お父さんは6時30分に帰る予定よ。

ありがとう，
母

送信者：キャサリン・ジャクソン
宛先：ブレンダ・ジャクソン
日付：7月21日
件名：わかった

- -

こんにちは　お母さん，
㉙構わないわ！　私は今日水泳の練習がないから，4時30分に家に着くわ。クッキーは作れるし，サラダも作るわね。庭のトマトを使うわ。じゃがいもを買ってきてくれる？　㉚ポテトスープも作りましょう。それはお父さんの大好きな料理よ。6時にまたね，

キャサリン

㉘　だれがキャサリンのお父さんの誕生日を忘れていましたか。

　1　キャサリンのお母さんです。
　2　キャサリンのお姉[妹]さんです。
　3　キャサリンのおじいさんです。
　4　キャサリンです。

103

☑ キャサリンのお母さんからのＥメールの下線部㉘にToday is your dad's birthday. I forgot about it. とあるので，正解は**1**です。

㉙ **キャサリンは家に着いたあとで何をしますか。**
1 トマトを買います。
2 水泳の練習に行きます。
3 スーパーマーケットで働きます。
4 チョコレートクッキーを作ります。

☑ after she gets home に注目すると，下線部㉙にお母さんから Please make some chocolate cookies after you come home. （あなたが帰宅したら，チョコレートクッキーを作って，お願い。）とあり，さらにキャサリンが No problem! … I can make the cookies （構わないわ！…クッキーは作れる）と言っていることから，正解は**4**です。

㉚ **キャサリンのお父さんの大好きな食べ物は何ですか。**
1 トマトサラダです。　　　　　　2 ポテトスープです。
3 ステーキです。　　　　　　　　4 フライドポテトです。

☑ favorite food に注目すると，下線部㉚に Let's make potato soup, too. It's Dad's favorite food. （ポテトスープも作りましょう。それはお父さんの大好きな料理よ。）とあるので，正解は**2**です。

📖 **WORDS&PHRASES**

□ July ― 7月　　□ forget about ～ ― ～のことを忘れる
□ forgot ― forget（忘れる）の過去形　　□ cookie ― クッキー　　□ work ― 仕事
□ steak ― ステーキ　　□ No problem. ― 構いません。　　□ practice ― 練習
□ get ― 到着する　　□ salad ― サラダ　　□ tomato ― トマト　　□ garden ― 庭
□ potato ― じゃがいも　　□ Let's ～. ― ～しましょう。　　□ soup ― スープ
□ favorite ― 大好きな　　□ food ― 食べ物，料理　　□ French fries ― フライドポテト

104

4C

（問題　p.076 〜 077）

本文の意味

書店での一日

㉛スズは大阪の大学生です。彼女は英語を勉強しています。彼女は読書するのが大好きで，よく市の図書館を訪れます。この前の土曜日，新しい書店が彼女のアパートの近くに開店したので，彼女は午前10時にそこへ行きました。それは大きくてきれいでした。㉜彼女は2時間，多くの種類の本を見ました。

㉝12時に，スズは3冊の本と1冊の雑誌を買いました。「2階には何があるんだろう？」と彼女は思いました。スズが書店の2階に行ったとき，カフェが見えました。カフェのメニューには多くのものがありました。ケーキやサンドイッチがおいしそうでしたが，㉞彼女は紅茶を1杯だけ買いました。彼女はすわって彼女の新しい雑誌を読み始めました。

㉟2時に，スズは辺りを見回しました。カフェには多くの人がいて，彼らは食べたり飲んだりしていました。彼女は「今は少し騒がしいな。」と思いました。だから，彼女は帰宅しました。スズは書店での一日を楽しみました。

---

(31) スズは何をしていますか。

1 彼女は大学で勉強しています。
2 彼女は大阪で本を書いています。
3 彼女は図書館で働いています。
4 彼女は書店で働いています。

- -

✓ 下線部㉛に Suzu is a university student in Osaka. とあるので，正解は1です。

---

(32) スズはどのくらいの間，新しい書店で本を見ましたか。

1 1時間です。　　　　　　　2 2時間です。
3 3時間です。　　　　　　　4 9時間です。

- -

✓ How long を使って，スズが書店で本を見た時間を聞いています。下線部㉜に She looked at many kinds of books for two hours. とあるので，正解は2です。

19年度　第2回　筆記

105

(33) スズは12時に何をしましたか。
1 彼女は昼食を作りました。
2 彼女は外で散歩しました。
3 彼女は本を数冊と雑誌を1冊買いました。
4 彼女は英語の授業へ行きました。

✒ 下線部㉝に At twelve o'clock, Suzu bought three books and one magazine. とあるので，正解は**3**です。

(34) カフェで，スズは…を買いました。
1 1杯の紅茶   2 1杯のコーヒー
3 ケーキ   4 サンドイッチ

✒ 下線部㉞に she just bought a cup of tea とあるので，正解は**1**です。

(35) スズは何時に帰宅しましたか。
1 10時です。   2 12時です。
3 2時です。   4 6時です。

✒ What time を使って，スズが帰宅した時刻を聞いています。下線部㉟に At two o'clock, Suzu looked around. … So, she went home. とあるので，正解は**3**です。

📖 WORDS&PHRASES

□ **university**—大学　　□ **often**—よく　　□ **apartment**—アパート
□ **～ o'clock**—～時　　□ **hour**—時間　　□ **bought**—buy(～を買う)の過去形
□ **magazine**—雑誌　　□ **second**—2番目の　　□ **floor**—階
□ **thought**—think(～と思う)の過去形　　□ **went**—go(行く)の過去形
□ **saw**—see(～が見える)の過去形　　□ **look**—～に見える　　□ **just**—ただ～だけ
□ **a cup of ～**—カップ1杯の～　　□ **sat**—sit(すわる)の過去形
□ **start ～ing**—～し始める　　□ **look around**—辺りを見回す　　□ **a little**—少し
□ **take a walk**—散歩する　　□ **outside**—外側で　　□ **class**—授業

リスニングテスト第1部　(問題　p.078〜079)

〈例題〉

A: Hi, my name is Yuta.
B: Hi, I'm Kate.
A: Do you live near here?
　1　I'll be there.
　2　That's it.
　3　Yes, I do.

「やあ，ぼくの名前はユウタだよ。」
「こんにちは，私はケイトよ。」
「きみはこの近くに住んでいるの？」
　1「そちらに行きます。」
　2「それだわ。」
　3「ええ，そうよ。」

No.1

A: Do you want to see a
　　movie tomorrow?
B: Sure.
A: Where will we meet?
　1　At my house.
　2　In the afternoon.
　3　Five dollars.

「明日映画を見に行かない？」

「いいよ。」
「どこに集合する？」
　1「ぼくの家で。」
　2「午後に。」
　3「5ドルだよ。」

No.2

A: Did you live in America or
　　Canada, Kenji?

B: In America.
A: How long did you live
　　there?
　1　For a year.
　2　No, thanks.
　3　At the airport.

「あなたはアメリカに住んでいたの，
それともカナダに住んでいたの，ケ
ンジ？」

「アメリカだよ。」
「どれくらいそこに住んでいたの？」

　1「1年間だよ。」
　2「いや，結構だよ。」
　3「空港でだよ。」

☑ How long 〜?（どのくらい〜か。）と期間をたずねているので，For
a year.（1年間だよ。）と答えている **1** が適切です。

19年度

第**2**回　リスニング

107

No.3

A: These all look delicious.　「これらは全部おいしそうね。」
B: Let's buy some for dessert.　「デザートにいくつか買おう。」
A: How many can we get?　「何個買っていいの？」
 1 I like chocolate.　 1「私はチョコレートが好きだ。」
 2 We can get four.　 **2「4個買っていいよ。」**
 3 A dollar and fifty cents.　 3「1ドル50セントだよ。」

How many ～?と数をたずねているので，We can get four.（4個買っていいよ。）と答えている**2**が適切です。

No.4

A: Let's go to the library.　「図書館に行こう。」
B: OK. We can ride our bikes.　「いいわよ。自転車に乗れるわよ。」
A: My bike is at home.　「ぼくの自転車は家にあるんだ。」
 1 Let's walk, then.　 **1「それなら，歩きましょう。」**
 2 I like this book.　 2「私はこの本が好きよ。」
 3 The library is new.　 3「図書館は新しいわ。」

No.5

A: Do you want anything else?　「何かほかにはいかがですか。」
B: Yes, some French fries.　「はい，フライドポテトを。」
A: Do you need some ketchup?　「ケチャップは必要ですか。」
 1 No, I'm all right.　 **1「いいえ，だいじょうぶです。」**
 2 It's blue.　 2「それは青いです。」
 3 Let's eat.　 3「食べましょう。」

No.6

A: What are you watching?
B: A soccer game.
A: When will it finish?
  1 I like it very much.
  2 My favorite player.
  3 In 10 minutes.

「何を見ているの？」
「サッカーの試合だよ。」
「それはいつ終わるの？」
  1「ぼくはそれがとても好きだ。」
  2「ぼくの大好きな選手だよ。」
  3「10分後だよ。」

No.7

A: Did your son finish college?
B: Yes, last year.
A: Did he become a teacher?
  1 No, the homework is easy.
  2 No, it's after school.
  3 No, he's a nurse.

「息子さんは大学を卒業しましたか。」
「はい，去年に。」
「先生になったのですか。」
  1「いいえ，宿題は簡単です。」
  2「いいえ，それは放課後です。」
  3「いいえ，彼は看護師です。」

 Did he become a teacher?と聞かれていて，選択肢は全てNoで答えているので，そのあとの内容から判断します。he's a nurse（彼は看護師です）と職業について答えている**3**が適切です。

No.8

A: Dad, can you come and pick me up?
B: Sure.
A: I'll wait by the bank.
  1 I got some money.
  2 OK, see you there.
  3 It was 20 minutes ago.

「お父さん，車で迎えに来てくれない？」
「いいよ。」
「銀行のそばで待っているわね。」
  1「私はお金を得たよ。」
  2「わかった，そこでまた。」
  3「それは20分前だったよ。」

No.9

A: Did you go skiing today? 「今日スキーに行ったのですか。」
B: Yeah. 「はい。」
A: How was the weather in the mountains? 「山の天気はどうでしたか。」

   1 They were very tall.   1「それらはとても背が高かったです。」

   2 It snowed a lot.   **2「雪がたくさん降りました。」**

   3 These skies are new.   3「これらのスキー板は新しいです。」

◪ How was the weather ～? と天気について聞かれているので，It snowed a lot. (雪がたくさん降りました。) と答えている**2**が適切です。

No.10

A: What are you reading? 「何を読んでいるの？」
B: A mystery book. 「ミステリーの本よ。」
A: Is it good? 「おもしろい？」

   1 No, you can't.   1「いいえ，あなたはできないわ。」
   2 Right, it was yesterday.   2「そう，それは昨日だったの。」
   3 Yeah, it's great.   **3「ええ，おもしろいわ。」**

リスニングテスト第2部 (問題 p.080〜081)

No.11

A: Do you have any brothers or sisters, Amy?
B: Yes, I do, Brian. I have an older brother.
A: How old is he?
B: Twenty. He goes to college now.

Question **Who are they talking about?**

- -

A: きみには兄弟か姉妹はいるの，エイミー？
B: ええ，いるわよ，ブライアン。兄が1人いるわ。
A: お兄さんは何歳？
B: 20歳よ。彼は今，大学に行っているわ。

質問 彼らはだれについて話していますか。

1 エイミーのお姉[妹]さんです。
2 エイミーのお兄さんです。
3 ブライアンのお姉[妹]さんです。
4 ブライアンのお兄[弟]さんです。

- -

✓ 兄弟か姉妹がいるかと聞かれて，少女が I have an older brother.（兄が1人いるわ。）と答えていて，そのあともその兄についての話を続けているので，**2**が適切です。

No.12

A: When will we meet Dad at the airport, Mom?
B: At five.
A: OK.
B: We'll go out for dinner after that.

Question **Where will they go first?**

- -

A: ぼくたちはいつ空港でお父さんを出迎えるの，お母さん？
B: 5時よ。
A: わかった。

19年度　第2回　リスニング

111

B: そのあと私たちは外に夕食を食べに行く予定よ。

質問 **彼らはまずどこに行きますか。**

1 お母さんの会社です。　　　　2 少年の学校です。

3 空港です。　　　　　　　　4 レストランです。

✅ When will we meet Dad at the airport? (ぼくたちはいつ空港でお父さんを出迎えるの？) と聞かれたお母さんがAt five. (5時よ。) と答え，We'll go out for dinner after that. (そのあと私たちは外に夕食を食べに行く予定よ。) と言っていることから，**3**が適切です。

No.13

🔊 *A:* Oh no! There's no paper in the copy machine.

B: Isn't there more paper on the bookshelf?

A: No, there isn't.

B: I'll order some.

Question **What is the woman's problem?**

A: あらまあ！　コピー機の中に紙が全然ありません。

B: 本棚の上にはもう紙はありませんか。

A: はい，ありません。

B: 私が注文しましょう。

質問 **女性の問題は何ですか。**

1 紙が全然ありません。　　　2 男性が遅刻しています。

3 彼女の電話が壊れています。　4 彼女はノートをなくしました。

✅ 女性が最初にThere's no paper in the copy machine. (コピー機の中に紙が全然ありません。) と言っているので，**1**が適切です。

No.14

🔊 *A:* Are you on the badminton team at school?

B: Yes, Grandma.

A: That's great. Do you like it?

B: Yes. We practice every day.

Question | **What are they talking about?**

A: あなたは学校でバドミントン部に入っているの？

B: うん，おばあちゃん。

A: それはすごいわね。あなたはそれが好き？

B: うん。ぼくたちは毎日練習するよ。

質問 **彼らは何について話していますか。**

1 おばあさんの趣味です。　　　**2 少年のバドミントン部です。**

3 学校のパーティーです。　　　4 有名なバドミントン選手です。

◢ Are you on the badminton team at school?（あなたは学校でバド
ミントン部に入っているの？）と聞かれた少年がYesと答え，その
あとも少年のバドミントン部の話を続けているので，**2**が適切です。

No.15

A: That's a nice picture, Patrick.

B: Thanks, Ms. Clark.

A: Why did you draw a plane?

B: I like planes because they're fast.

Question | **Why does Patrick like planes?**

A: それはすてきな絵ですね，パトリック。

B: ありがとうございます，クラーク先生。

A: なぜ飛行機をかいたのですか。

B: 速いからぼくは飛行機が好きなんです。

質問 **パトリックはなぜ飛行機が好きなのですか。**

1 それらは速いです。　　　　2 それらはかきやすいです。

3 彼は旅行するのが好きです。　4 彼のお父さんはパイロットです。

◢ Why did you draw a plane?（なぜ飛行機をかいたのですか。）と聞
かれて，パトリックがI like planes because they're fast.（速いか
らぼくは飛行機が好きなんです。）と答えているので，**1**が適切です。

No.16

A: Let's go hiking on Saturday.

B: Sorry, I have to study.

A: Can't you study on Sunday?

B: My aunt is going to take me shopping then.

Question **What will the boy do on Saturday?**

A: 土曜日にハイキングに行きましょう。

B: ごめんよ，ぼくは勉強しなければならないんだ。

A: 日曜日に勉強することはできないの？

B: そのときはおばがぼくを買い物に連れていってくれるんだ。

質問 **少年は土曜日に何をしますか。**

1 ハイキングに行きます。　　2 おばさんを訪ねます。

3 勉強します。　　4 買い物に行きます。

✓ 土曜日にハイキングに行こうと誘われた少年が，Sorry, I have to study.（ごめんよ，ぼくは勉強しなければならないんだ。）と言って断っているので，**3**が適切です。**4**は少年が日曜日にすることです。

No.17

A: Hi, Neil. How are you?

B: I'm fine today, but I had a cold last weekend.

A: That's too bad. I had a cold last month, too.

B: Lots of people are sick now.

Question **When did the woman have a cold?**

A: こんにちは，ニール。元気？

B: 今日は元気だけど，先週末はかぜをひいていたよ。

A: それはいけないわね。私も先月かぜをひいていたのよ。

B: 今の時期は多くの人が具合が悪いね。

質問 **女性はいつかぜをひいていましたか。**

1 昨日です。　　　　　　　　2 先週末です。

3 2週間前です。　　　　　　**4 先月です。**

114

▼ 女性はI had a cold last month, too.(私も先月かぜをひいていたのよ。)と言っているので，4が適切です。2は男性がかぜをひいていた時です。

No.18

A: Did you enjoy your homestay with us?
B: Of course. Thank you so much.
A: Send us an e-mail when you get back home.
B: I will.
 Question **What did the girl enjoy?**

A: ぼくたちとのホームステイを楽しんだかい？
B: もちろん。どうもありがとう。
A: 故郷へ帰ったらぼくたちにEメールを送ってね。
B: 送るわ。
 質問 少女は何を楽しみましたか。
1 彼女のホームステイです。
2 彼女のコンピュータークラブです。
3 Eメールを読むことです。
4 彼女のお姉[妹]さんと話すことです。

▼ Did you enjoy your homestay with us?(ぼくたちとのホームステイを楽しんだかい？)と聞かれて，少女がOf course.(もちろん。)と答えているので，1が適切です。

No.19

A: Excuse me.
B: Can I help you?
A: I'm looking for a jacket.
B: Business clothes are on the second floor, and winter jackets are on the third.
 Question **Where are they talking?**

A: すみません。

B: 何かご用でしょうか。

A: ジャケットを探しているのですが。

B: 仕事の衣服は2階に，冬のジャケットは3階にございます。

質問 **彼らはどこで話していますか。**

1 スポーツクラブで。 　　　　　　　**2 デパートで。**

3 男性の家で。 　　　　　　　4 女性の家で。

✔ 上着を探しているという男性に，女性がBusiness clothes are on the second floor, and winter jackets are on the third. (仕事の衣服は2階に，冬のジャケットは3階にございます。)と売り場について説明していることから，**2**が適切です。

No.20

A: The test will begin at one thirty.

B: How long will it take, Mrs. Peterson?

A: About 50 minutes.

B: Thank you.

Question **How long will the test take?**

A: テストは1時30分に始まります。

B: それはどれくらいかかりますか，ピーターソン先生。

A: 約50分です。

B: ありがとうございます。

質問 **テストはどれくらいかかりますか。**

1 約5分です。 　　　　　　　2 約15分です。

3 約30分です。 　　　　　　　**4 約50分です。**

✔ How long will it (＝the test) take? (それはどれくらいかかりますか。)と聞かれて，ピーターソン先生がAbout 50 minutes. (約50分です。)と答えているので，**4**が適切です。

リスニングテスト第3部 （問題 p.082～083）

No.21

Last night, I went to the baseball stadium with my father. We watched a game. I was happy because I met my favorite player.

Question **Why was the girl happy?**

- -

昨夜，私は父と野球場へ行きました。私たちは試合を見ました。私の大好きな選手に会ったので，私はうれしかったです。

質問 **なぜ少女はうれしかったのですか。**

1 彼女は大好きな選手に会いました。
2 彼女は野球をしました。
3 彼女の親友が彼女を訪ねました。
4 彼女のお父さんが彼女を手伝いました。

- -

Why ～? を使って，少女がうれしかった理由をたずねています。I was happy because I met my favorite player.（私の大好きな選手に会ったので，私はうれしかったです。）と話しているので，**1** が適切です。

📖 WORDS&PHRASES
□ **met** ― meet（～に会う）の過去形　　□ **favorite** ― 大好きな　　□ **player** ― 選手

No.22

Last Saturday was my wife's birthday, so we went to a nice restaurant. We had steak, and we ate cake, too. We had a very good time.

Question **What did the man and his wife do last Saturday?**

- -

この前の土曜日は私の妻の誕生日だったので，私たちはすてきなレストランへ行きました。私たちはステーキを食べて，ケーキも食べました。私たちはとても楽しい時を過ごしました。

質問 **男性と彼の妻はこの前の土曜日に何をしましたか。**
1 彼らはケーキを作りました。

19年度 第2回 リスニング

117

2 彼らはプレゼントを探しました。
3 彼らはレストランへ行きました。
4 彼らはステーキを料理しました。

✅ 最初に Last Saturday was my wife's birthday, so we went to a nice restaurant.(この前の土曜日は私の妻の誕生日だったので，私たちはすてきなレストランへ行きました。)と話していることから，3が適切です。

📖 WORDS&PHRASES
□ wife —妻   □ steak —ステーキ   □ ate — eat(〜を食べる)の過去形

No.23

🔊 Bob really likes fruit. He eats a lot of oranges, apples, and bananas, but he likes strawberries the best.

Question **What is Bob's favorite fruit?**

ボブは果物がとても好きです。彼はたくさんのオレンジ，りんごやバナナを食べますが，いちごが一番好きです。

質問 **ボブの一番好きな果物は何ですか。**

1 オレンジです。   2 いちごです。
3 バナナです。   4 りんごです。

✅ 2文目で he likes strawberries the best (彼はいちごが一番好きです)と言っているので，2が適切です。

📖 WORDS&PHRASES
□ fruit —果物   □ a lot of 〜 —たくさんの〜   □ like 〜 the best —〜が一番好きだ

No.24

🔊 My family and I visit my uncle every spring. We usually go by car or bus, but this spring, we're going to take the train.

Question **How will the boy go to his uncle's house this spring?**

家族とぼくは毎年春におじを訪ねます。ぼくたちはいつもは車かバスで行きますが，この春は，電車に乗る予定です。

質問 少年はこの春におじさんの家までどうやって行きますか。

1 バスでです。　　　　　　　2 飛行機でです。
3 電車でです。　　　　　　　4 車でです。

- -

How ～? を使って，少年がこの春におじさんの家へ行く手段をたずねています。最後に this spring, we're going to take the train（この春は，電車に乗る予定です）と話しているので，**3**が適切です。**1, 4**はおじさんの家へ行くいつもの手段です。

📖 WORDS&PHRASES
□ spring—春　　□ usually—いつもは　　□ by ～—～で　　□ take—(乗り物)に乗る

No.25

🔊 I have a brown and white cat. It likes to play around the house. It's very cute, and everyone in my family loves it.

Question **What is the girl talking about?**

私は茶色と白色のねこを１ぴき飼っています。それは家のまわりで遊ぶことが好きです。それはとてもかわいくて，私の家族はみんなそれが大好きです。

質問 少女は何について話していますか。

1 彼女の新しいゲームです。　　2 彼女の家です。
3 彼女の大好きな色です。　　　4 彼女のペットです。

- -

最初に I have a brown and white cat.（私は茶色と白色のねこを１ぴき飼っています。）と言って，そのあとに飼いねこの話を続けていることから，**4**が適切です。

📖 WORDS&PHRASES
□ like to ～—～することが好きだ　　□ around ～—～のまわりで　　□ cute—かわいい

No.26

🔊 Billy has a big test tomorrow. He studied in the school library after school today, and then he studied at his friend's house.

Question **What will Billy do tomorrow?**

- -

ビリーは明日重要なテストがあります。彼は今日，放課後に学校の図書室で勉強して，それから友人の家で勉強しました。

質問 ビリーは明日何をしますか。

1 テストを受けます。　　　　2 友人の家に行きます。
3 図書室で読書をします。　　4 本を買います。

- -

☑️ 最初に Billy has a big test tomorrow.（ビリーは明日重要なテストがあります。）と言っていることから，**1** が適切です。**2** は今日したことです。

📖 **WORDS&PHRASES**
□ **library**—図書室　　□ **after school**—放課後　　□ **then**—それから

No.27

🔊

Mary went shopping with her mother today. They bought some golf balls for Mary's father. Tomorrow is his birthday, and he loves golf.

Question **Who will have a birthday tomorrow?**

- -

メアリーは今日お母さんと買い物に行きました。彼女らはメアリーのお父さんにゴルフボールを買いました。明日は彼の誕生日で，彼はゴルフが大好きなのです。

質問 だれが明日誕生日を迎えますか。

1 メアリーです。　　　　　　2 メアリーのお父さんです。
3 メアリーのお母さんです。　4 メアリーのお兄［弟］さんです。

- -

☑️ 最後に Tomorrow is his（＝Mary's father's）birthday（明日は彼の誕生日です）と言っていることから，**2** が適切です。

📖 **WORDS&PHRASES**
□ **go shopping**—買い物に行く　　□ **bought**—**buy**（〜を買う）の過去形

No.28

Amy bought a wedding present for her cousin yesterday. She wanted to send it this afternoon, but she was too busy. She'll take it to the post office tomorrow morning.

Question **When will Amy go to the post office?**

エイミーは昨日いとこに結婚のプレゼントを買いました。彼女は今日の午後それを送りたかったのですが，忙しすぎました。彼女は明日の午前にそれを郵便局へ持っていくつもりです。

質問 **エイミーはいつ郵便局へ行きますか。**

1 今日の午前です。　　　　　2 今日の午後です。

3 明日の午前です。　　　　4 明日の午後です。

✓ When ~? を使って，エイミーが郵便局へ行く時をたずねています。She'll take it to the post office tomorrow morning.（彼女は明日の午前にそれを郵便局へ持っていくつもりです。）と言っているので，**3**が適切です。**2**は，エイミーがいとこへのプレゼントを送りたかった時です。

WORDS&PHRASES
□ **want to ~**─～したい　　□ **busy**─忙しい　　□ **take**─～を持っていく

No.29

Welcome to Mindy's. Today's lunch special is the cheeseburger with French fries and a drink. The soup of the day is tomato, and today's dessert is apple pie.

Question **Where is the woman talking?**

ミンディーズへようこそ。本日のスペシャルランチはフライドポテトと飲み物がついたチーズバーガーです。日替わりのスープはトマトで，本日のデザートはアップルパイです。

質問 **女性はどこで話していますか。**

1 病院です。　　　　　　　　**2 レストランです。**

3 ガソリンスタンドです。　　4 スーパーマーケットです。

☑ Today's lunch special（本日のスペシャルランチ），The soup of the day（日替わりのスープ），today's dessert（本日のデザート）などから，**2**が適切です。

📖 WORDS&PHRASES
□ **Welcome to 〜.**―〜へようこそ。　　□ **gas station**―ガソリンスタンド

No.30

🔊 Yuki will get up early tomorrow to take some pictures at the park. The flowers there look beautiful in the morning.

Question **Why will Yuki get up early tomorrow?**

ユキは明日，公園で写真を撮るために早起きするつもりです。そこにある花は朝美しく見えます。

質問 **ユキはなぜ明日，早起きするのですか。**
1 花を買うためです。
2 公園へジョギングに行くためです。
3 朝食を作るためです。
4 写真を撮るためです。

☑ 最初に Yuki will get up early tomorrow to take some pictures at the park.（ユキは明日，公園で写真を撮るために早起きするつもりです。）と言っているので，**4**が適切です。

📖 WORDS&PHRASES
□ **early**―早く　　□ **take pictures**―写真を撮る　　□ **look 〜**―〜に見える

英検 4 級

2019 年度・第 3 回　解答と解説

筆記 [p.086 − p.095]

1
(1) 2	(2) 2	(3) 3	(4) 3	(5) 4
(6) 3	(7) 4	(8) 2	(9) 2	(10) 1
(11) 2	(12) 3	(13) 4	(14) 4	(15) 1

2
(16) 2	(17) 1	(18) 3	(19) 4	(20) 2

3
(21) 2	(22) 4	(23) 4	(24) 3	(25) 1

4A　(26) 4　(27) 3

4B　(28) 2　(29) 3　(30) 4

4C　(31) 4　(32) 1　(33) 2　(34) 3　(35) 3

リスニング [p.096 − p.101]

第 1 部
[No.1] 2	[No.2] 2	[No.3] 3	[No.4] 2	[No.5] 1
[No.6] 3	[No.7] 1	[No.8] 3	[No.9] 2	[No.10] 1

第 2 部
[No.11] 4	[No.12] 1	[No.13] 4	[No.14] 1	[No.15] 2
[No.16] 3	[No.17] 2	[No.18] 1	[No.19] 3	[No.20] 4

第 3 部
[No.21] 1	[No.22] 3	[No.23] 3	[No.24] 1	[No.25] 3
[No.26] 3	[No.27] 2	[No.28] 4	[No.29] 4	[No.30] 2

1
(問題　p.086〜087)

(1) ドナルドは飛行機を見るために息子を空港に連れて行きました。
1 駅　　2 空港　　3 病院　　4 銀行

☑ 文末に to look at the planes（飛行機を見るために）とあることから，**2** が適切です。〈take ＋ 人 ＋ to ＋ 場所〉で「人を場所に連れて行く」という意味です。

📖 **WORDS&PHRASES**
□ son ― 息子　　□ plane ― 飛行機　　□ station ― 駅　　□ airport ― 空港

(2) 今日ローラは忙しいです。最初に彼女は数学の宿題をするつもりで，それから，科学の授業の研究を終わらせるつもりです。
1 チケット　　2 研究　　3 クレヨン　　4 黒板

☑ 空所の前の動詞が finish（終わらせる），直後が for science class（科学の授業の）とあることから，**2** が適切です。

📖 **WORDS&PHRASES**
□ busy ― 忙しい　　□ first ― 最初に　　□ math ― 数学　　□ then ― それから

(3) 今夜は空が澄みわたり，星で一杯です。それはきれいです！
1 土地　　2 ボート　　3 空　　4 地面

☑ 形容詞の clear（澄み切った）や名詞の stars（星）があることから，sky（空）に関連すると考えられるため，**3** が適切です。

📖 **WORDS&PHRASES**
□ clear ― 澄み切った　　□ be full of 〜 ― 〜で一杯である

(4) *A:* トーストにはバターがいい，それともジャムがいい？
B: ジャムをお願いします。
1 駅　　2 スプーン　　3 バター　　4 テーブル

☑ Do you want A or B?（AとBのどちらがいいですか。）という問いで

124

トーストにぬるものを聞いているので，**3**が適切です。

📖 WORDS&PHRASES
□ **or**―それとも　　□ **toast**―トースト　　□ **please**―お願いします

---

(5) 私の大好きなスポーツはバレーボールです。でも，私の友だちはそれが好きではありません。

1 嬉しい　　**2** 長い　　**3** よい　　**4** 大好きな

- -

☑ 2文目でBut my friends don't like it. （でも，私の友だちはそれが好きではありません。）と言っていることから，1文目では好きなものの話をしていると考えられるため，**4**が適切です。

📖 WORDS&PHRASES
□ **favorite**―大好きな　　□ **sport**―スポーツ　　□ **but**―しかし

---

(6) 私たちが駅に到着したとき，雨が激しく降っていました。

1 put （〜を置く）の過去形　　　　**2** invite （〜を招待する）の過去形
3 arrive （到着する）の過去形　　　**4** make （〜を作る）の過去形

- -

☑ 空所のあとのatに続く動詞なので，**3**が適切です。〈arrive at ＋場所〉で「〜に到着する」という意味です。

📖 WORDS&PHRASES
□ **rain**―雨が降る　　□ **hard**―激しく　　□ **when 〜**―〜するとき

---

(7) 私は祖父の話を聞くのが好きです。彼の話はいつもとても面白いです。

1 （時間が）遅い　　**2** 高い　　**3** 眠い　　**4** 面白い

- -

☑ stories （話）を説明する形容詞を選ぶことから，**4**が適切です。

📖 WORDS&PHRASES
□ **like 〜ing**―〜するのが好きだ　　□ **always**―いつも

---

(8) 私は風邪を引きたくないので，よく手を洗います。

1 〜に答える　　**2** 〜をつかむ，（catch a coldで）風邪を引く
3 終える　　　　**4** 〜をする

125

19年度 第3回 筆記

☑ catch a coldで「風邪を引く」という意味を表すので，2が適切です。

📖 WORDS&PHRASES
□ **want to ～**――～したい　　□ **wash**――～を洗う　　□ **often**――しばしば，よく

---

(9) *A:* あなたはどのように学校に行く[到着する]の，ハリー？
B: 電車で行きます。

1　～をたずねる　　　　　　2　（get toで）～に到着する
3　～を与える　　　　　　　4　～を伝える

☑ 空所のあとのtoに続く動詞なので，2が適切です。〈get to ＋場所〉で「～に到着する」という意味です。

📖 WORDS&PHRASES
□ **ask**――～をたずねる　　□ **tell**――～を伝える

---

(10) *A:* 運転の速度が速すぎるよ，ジョン！　速度を落として。
B: わかった。ごめんね。

1　下へ　　2　中に　　3　離れて　　4　（～から）離れて

☑ 運転の速度が速すぎることを伝えたあとに付け加える表現として，Slow down.（速度を落として。）がふさわしいので，1が適切です。

📖 WORDS&PHRASES
□ **drive**――運転する　　□ **too**――あまりに～すぎる　　□ **slow down**――速度を落とす

---

(11) *A:* あれらの花はきれいですね。写真を撮ってもいいですか。
B: もちろん。

1　答える　　2　撮る　　3　聞こえる　　4　乗る

☑ 空所のあとのa pictureに続く動詞なので，2が適切です。take a pictureで「写真を撮る」という意味です。

📖 WORDS&PHRASES
□ **Can I ～?**――～してもいいですか。　　□ **take a picture of ～**――～の写真を撮る

126

(12) ジェニーはレースでとても疲れましたが，彼女はあきらめませんでした。
彼女は走り，レースを終えました。
1 （give offで）〜を発する，〜を放出する
2 〜の上に
3 （give upで）あきらめる
4 〜で

✔️ give upで「あきらめる」という意味を表すので，3が適切です。give
offは「〜を発する・〜を放出する」という意味の熟語になりますが，
目的語がなく，前後の文章とも意味が合いません。

📖 WORDS&PHRASES
□ get tired—疲れる　　□ race—レース，競走　　□ give up—あきらめる

(13) A: なぜ今日公園に行くの？
B: 絵をかきたいの。
1 いつ　　2 何を　　3 どこで[へ]　　4 なぜ

✔️ BのI want to paint a picture.（絵をかきたい。）は公園に行く理由を
表しているので，理由をたずねる疑問詞の4が適切です。

📖 WORDS&PHRASES
□ park—公園　　□ paint a picture—絵をかく

(14) A: カレン，あなたを探していたんだよ。どこにいたの？
B: 庭にいたよ，お父さん。
1 いる（主語がhe，she，itなどで，現在のbe動詞）
2 いる（主語がIで，現在のbe動詞）
3 いた（主語がI，he，she，itなどで，過去のbe動詞）
4 いた（主語がyou，we，theyなどで，過去のbe動詞）

✔️ Aが空所の前の文で，I was looking for you（あなたを探していた）と
過去形を用いていることから，それに続く文も過去形になります。主
語がyouなので，4が適切です。

📖 **WORDS&PHRASES**

□ **look for ～** ― ～を探す　　□ **garden** ― 庭　　□ **Dad** ― お父さん

(15) *A:* ジャック，テレビを見るのをやめて，お皿を洗いなさい。

B: わかったよ，お母さん。

1 **watch**（～を見る）の **ing形**　　2 **watch** の3人称単数現在形

3 **watch** の過去形　　4 **watch** の原形

📝 〈 **stop** ＋動詞の **ing形**〉で「～するのをやめる」という意味を表すので，1が適切です。この動詞の **ing形** は動名詞と言います。

📖 **WORDS&PHRASES**

□ **stop ～ing** ― ～するのをやめる　　□ **dish** ― 皿　　□ **All right.** ― わかりました。

128

2

(問題 p.088)

(16) 女性1: 昨日お祭りにたくさんの人がいたわね。あなたは行ったの？
女性2: いいえ，私は仕事をしていたわ。

 1 あなたは終わったの？
 2 あなたは行ったの？
 3 食事の時間かしら？
 4 あなたは何を着ていたの？

📝 お祭りの人出の多さを話した女性1の質問に対して，女性2がNo, I was working.（いいえ，私は仕事をしていたわ。）と答えていることから，お祭りに行ったかどうかをたずねている2が適切です。

📖 **WORDS&PHRASES**
□ a lot of 〜 ─ たくさんの〜　□ festival ─ 祭り　□ wear ─ 〜を着ている

(17) 少女: あなたのジャケット素敵ね，マイク！ 新しいの？
少年: そうだよ。プレゼントだったんだ。誕生日にもらったんだよ。

 1 そうだよ。プレゼントだったんだ。
 2 もちろん，あなたのことは知っているよ。
 3 そうしたいね。
 4 それを見る予定だよ。

📝 空所のあとにI got it for my birthday.（誕生日にもらったんだ。）と言っていることから，1が適切です。

📖 **WORDS&PHRASES**
□ jacket ─ ジャケット　□ Sure. ─ もちろん。　□ I'd like to 〜 ─ 〜したい

(18) 男性: すみません，新しいカメラを探しているのですが。
女性店員: こちらはいかがですか。それは小さくて，軽くて，人気があります。

 1 それはいつですか。
 2 どちらがあなたのものですか。
 3 こちらはいかがですか。

4 これらは誰の絵[写真]ですか。

📘 男性に「新しいカメラを探しています。」と言われて女性店員が言った言葉なので，**3**が適切です。空所のあとでカメラの特徴を伝えていることからも，商品をすすめていることがわかります。this one の one は camera を表しています。

📖 **WORDS&PHRASES**

☐ Excuse me. ― すみません。　　☐ look for ～ ― ～を探す　　☐ popular ― 人気のある

---

(19) **女性:** またね，ベス。お母さんによろしく言ってね。
少女: わかりました，伝えます。
　　　1 いいえ，昨日ではありません。
　　　2 多分できると思います。
　　　3 はい，私はそう思います。
　　　4 わかりました，伝えます。

📘 Please say hello to your mother. (お母さんによろしく言ってね。) に対する返答としては，**4**が適切です。I will のあとには say hello to my mother が省略されています。

📖 WORDS&PHRASES

☐ See you later. ― それではまた。　　☐ say hello to ～ ― ～によろしく言う

---

(20) **先生:** 今日ジョンは学校にいるかしら？
生徒: はい。5分前に彼に会いました。
　　　1 彼は家にいました。
　　　2 5分前に彼に会いました。
　　　3 宿題は難しかったです。
　　　4 彼はそれをしようとしました。

📘 ジョンが学校にいるかを確認する先生に対して，生徒が Yes. (はい。) と言っているので，ジョンが学校にいることを示す**2**が適切です。

📖 WORDS&PHRASES

☐ stay at home ― 家にいる　　☐ ～ ago ― ～前に　　☐ try to ～ ― ～しようとする

130

3

(問題 p.089)

(21) Fred (goes jogging for two hours) every day.

☑ 「ジョギングをする」は「ジョギングをしに行く」と考えて, go jogging で表します。また,「～の間」は〈for + 期間を表す語〉で表します。

(22) Melissa (found her mother's yellow dress in) a box.

☑ 「母親の黄色いドレス」は, her mother's yellow dress と日本語通りに並べます。her mother's の～'s は「～の」という所有格を表します。また,「箱の中から」は「箱の中に」と考え, a box の前に in を置きます。

(23) (Mrs. Brown and her son were at) the dentist yesterday.

☑ ここでの be 動詞は, あとに場所を表す語が続くことで,「～にいる」という意味になります。at the dentist で「歯医者に」という意味です。

(24) Janet (heard about the concert from her) sister.

☑ 「～について聞く」は hear about ～で表します。また,「～から」は from ～を用います。

(25) (You should take a bath) early tonight.

☑ 「～したほうがいい」は「～すべきである」と考えて, 助動詞の should を用います。また,「お風呂に入る」は take a bath で表します。助動詞のあとは動詞の原形が続くので, should take a bath となります。

19年度 第3回 筆記

131

4A

（問題 p.090 ～ 091）

本文の意味

レイクタウン図書館
夏時間

7月25日～31日	午前9時～午後5時
8月1日～4日	閉館
8月5日～16日	午前10時～午後2時
8月17日と18日	閉館

㉗8月16日に子ども向けの美術のクラスがございます。
絵本のための絵をかくことを学ぶことができます。
詳しい情報をお知りになりたい場合は，受付までお越しください。

---

(26) 7月31日は図書館は何時に閉館しますか。

1 午前9時に。 2 午前10時に。
3 午後2時に。 **4 午後5時に。**

- -

☑ 7月31日の閉館時刻について書かれている下線部㉖に注目します。9 a.m. to 5 p.m. とあるので，正解は**4**です。

---

(27) 8月16日，子どもたちは…ことができます。

1 本を書く 2 図書館の写真を手に入れる
3 美術の授業を受ける 4 レイクタウンについて学ぶ

- -

☑ 8月16日の美術のクラスについて書かれている下線部㉗に注目します。There will be an art class …（美術のクラスがある）とあるので，正解は**3**です。

📖 WORDS&PHRASES

□ **library**―図書館　□ **hour**―時間　□ **learn**―～を学ぶ　□ **draw**―～をかく
□ **more**―より多くの（muchの比較級）　□ **information**―情報
□ **front desk**―受付

4B

（問題　p.092 ～ 093）

本文の意味

送信者：ケイティ・ウォルトン
宛先：ユミ・オダ
日付：1月15日
件名：今週末

こんにちは ユミ！

元気？　私の家族と私は土曜日にスケートに行く予定なの。私たちと一緒に行かない？　㉘私たちは午前中にノースサイド公園に行くつもりよ。そこには湖があって，スケートができるのよ。そのあと，両親が私たちに昼食を買ってくれるわよ。あなたが来られるといいな！

ケイティ

送信者：ユミ・オダ
宛先：ケイティ・ウォルトン
日付：1月15日
件名：ありがとう！

こんにちは ケイティ，

あなたと一緒にぜひスケートに行きたいわ！　㉙私が北海道に住んでいたとき，冬には毎週末スケートに行ったのよ。㉚土曜日は，午後4時にピアノのレッスンがあるんだけど，スケートに行ったあと，あなたと一緒に昼食は食べられるわ。あなたのご両親にまた会えるなんてわくわくするわ。では土曜日にね！

ありがとう，

ユミ

㉘　**ケイティと彼女の家族は土曜日の午前にどこへ行く予定ですか。**

1　ユミの家へ。　　　　　　　　　2　ノースサイド公園へ。
3　スポーツ店へ。　　　　4　北海道へ。

✎　下線部㉘に in the morning（午前中に）とありますが，2 文前の My family and I are going to go ice-skating on Saturday. から，土曜

133

日の午前中とわかるので，正解は**2**です。

(29) ユミは北海道に住んでいるとき，どのくらいの頻度でスケートをしに行きましたか。

1 年に一度です。 　　　　　　2 毎月です。

3 冬の毎週末です。 　　　　　　4 冬の毎日です。

- -

📝 下線部㉙に every weekend in winter とあることから，正解は**3**です。

(30) 土曜日の昼食後，ユミは何をする予定ですか。

1 ケイティとお菓子を作ります。

2 北海道に戻ります。

3 初めてケイティの両親に会います。

4 ピアノのレッスンに行きます。

- -

📝 下線部㉚に I have a piano lesson on Saturday at 4 p.m., but I can eat lunch with you とあることから，4時にピアノのレッスンがあるけれども，それはお昼を食べたあとの予定だと読み取ることができるので，正解は**4**です。

📖 **WORDS & PHRASES**

☐ January ― 1月　　☐ this weekend ― 今週末　　☐ family ― 家族

☐ go ice-skating ― スケートに行く　　☐ Saturday ― 土曜日

☐ in the morning ― 午前中に　　☐ lake ― 湖　　☐ skate ― スケートをする

☐ after ～ ― ～のあとに　　☐ parents ― 両親　　☐ buy ― ～を買う　　☐ lunch ― 昼食

☐ I hope ～. ― ～だといいんだけど。　　☐ Thanks. ― ありがとう。

☐ I'd love to ～. ― ぜひ～したい。　　☐ live in ～ ― ～に住んでいる

☐ lesson ― レッスン　　☐ p.m. ― 午後　　☐ eat ― ～を食べる

☐ be excited ― わくわくする　　☐ again ― また，再び　　☐ See you. ― またね。

4C

(問題　p.094 ～ 095)

本文の意味

新しい制服

㉛キムの父親は日本で仕事を得たので，キムと彼女の家族はカナダから日本に引っ越してきたばかりでした。彼女は横浜の学校に行く予定です。多くの国からやって来た生徒がこの学校に通っています。彼女の新しい学校はカナダの前の学校と同じくらいの大きさです。キムの通っていた前の学校には制服がありませんでしたが，㉜新しい学校の生徒たちは制服を着なければいけません。

昨日，キムと彼女の母親は買い物に行きました。㉝最初に，彼女たちはノートと鉛筆を買いました。それから，カレーレストランで昼食をとりました。その後，彼女たちは制服を買いに行きました。

㉞お店には多くの種類の制服があったので，キムは驚きました。「㉟この緑と茶の制服を買ってもいい？」とキムはたずねました。「だめよ。あなたの学校の制服の色は青と金色よ。」と母親は言いました。彼女たちは夏用の制服を一着，冬用を一着買いました。キムは来週学校に新しい制服を着ていくことにわくわくしています。

---

(31) なぜキムと彼女の家族は日本に引っ越したのですか。

1　カナダにある彼女の学校が閉校になったからです。
2　彼女の家族がカレーレストランを始めたからです。
3　彼女の母親が洋服店を開きたいからです。
4　彼女の父親がそこ（日本）で仕事を得たからです。

✎　下線部㉛の so の前に Kim's father got a job in Japan, とあるので，正解は 4 です。

---

(32) キムの新しい学校では…

1　生徒は制服を着なければなりません。
2　生徒は自分自身の昼食を持ってこなければなりません。
3　生徒は多くはいません。
4　生徒は英語を話しません。

19年度　第3回　筆記

✎ 下線部㉜に the students at her new school must wear uniforms. とあるので，正解は **1** です。

(33) キムと彼女の母親は昨日最初に何をしましたか。
1 彼女たちは昼食を食べました。
2 彼女たちはノートと鉛筆を買いました。
3 彼女たちは制服を見ました。
4 彼女たちはキムの新しい学校を訪れました。

✎ 下線部㉝に First, they（＝Kim and her mother）bought notebooks and pencils. とあるので，正解は **2** です。

(34) なぜキムは驚いたのですか。
1 冬用の制服がとても高かったからです。
2 彼女がかわいいノートを見つけることができなかったからです。
3 そのお店には多くの種類の制服があったからです。
4 新しい学校には多くの生徒がいたからです。

✎ 下線部㉞に… because there were many kinds of uniforms at the store. とあるので，正解は **3** です。

(35) どの制服をキムは買いたいと思いましたか。
1 青と緑の制服です。　　　　2 青と金色の制服です。
3 緑と茶色の制服です。　　　　4 金と茶色の制服です。

✎ 下線部㉟で母親に許可を得ようとしていることから，緑と茶色の制服を買いたいことがわかるので，正解は **3** です。

📖 **WORDS & PHRASES**

□ **uniform**—制服　　□ **job**—仕事　　□ **move**—引っ越す　　□ **country**—国
□ **must ～**—～しなければならない　　□ **wear**—～を身につける
□ **go shopping**—買い物に行く　　□ **bought**—buy（～を買う）の過去形
□ **be surprised**—驚く　　□ **because ～**—～なので
□ **many kinds of ～**—多くの種類の～　　□ **ask**—～をたずねる

リスニングテスト第１部 （問題 p.096～097）

〈例題〉

A: Hi, my name is Yuta.　「やあ，ぼくの名前はユウタだよ。」
B: Hi, I'm Kate.　「こんにちは，私はケイトよ。」
A: Do you live near here?　「きみはこの近くに住んでいるの？」

1 I'll be there.　　1「そちらに行きます。」
2 That's it.　　2「それだわ。」
3 Yes, I do.　　3「ええ，そうよ。」

No.1

A: It's really hot.　「本当に暑いわね。」
B: Yes, it is.　「うん，そうだね。」
A: I don't want to walk home.　「歩いて家に帰りたくないわ。」

1 We can buy that.　　1「それを買うことができるよ。」
2 Let's get a taxi.　　2「タクシーを拾おう。」
3 She's at the store.　　3「彼女はお店にいるよ。」

No.2

A: How are you, Jane?　「元気かい，ジェーン？」
B: Not very good.　「あまり元気ではないの。」
A: Do you have a cold?　「風邪を引いてるの？」

1 It's a new umbrella.　　1「それは新しい傘よ。」
2 No, I ate too much.　　2「いいえ，食べ過ぎたの。」
3 I made that cake.　　3「私がそのケーキを作ったの。」

✓ ジェーンにあまり元気がないと言われた男性が心配して，Do you have a cold?（風邪を引いているの？）とたずねたことに対する返答として，元気ではない理由にふさわしいのはI ate too much.（食べ過ぎたの。）なので**2**が適切です。

19年度

第**3**回 リスニング

137

No.3

A: Is the school musical this Saturday?
B: Yes, it is.
A: How much is a ticket?
 1 For an hour.
 2 In thirty minutes.
 3 **Only five dollars.**

「学校のミュージカルは今週の土曜日なの？」
「そうよ。」
「チケットはいくらかな？」
1 「1時間よ。」
2 「あと30分後よ。」
3 「たった5ドルよ。」

How much is a ticket? とチケットの値段を聞いているので，**3**が適切です。

No.4

A: Did you find your bag?
B: Yes, I did.
A: Where was it?
 1 Blue and green.
 2 **Under my bed.**
 3 It was big.

「きみのバッグ見つかった？」
「ええ，見つかったわ。」
「どこにあったの？」
1 「青と緑よ。」
2 「私のベッドの下よ。」
3 「それは大きかったわ。」

Where was it (= your bag)? とバッグのあった場所を聞いているので，Under my bed.（私のベッドの下よ。）と答えている**2**が適切です。

No.5

A: Hi, Mr. Jones.
B: Hello, Angie.
A: Is Vicki home? We have a tennis match today.

 1 **She's in the house.**
 2 I can't play tennis.
 3 You're 13.

「こんにちは，ジョーンズさん。」
「こんにちは，アンジー。」
「ヴィッキーは家にいますか。私たち，今日テニスの試合があるんです。」

1 「彼女は家にいるよ。」
2 「私はテニスはできないよ。」
3 「きみは13歳だよ。」

No.6

A: Are you ready for tomorrow's test?
B: No.
A: Shall we study together?
　1　It was math.
　2　The library.
　3　**OK, sure.**

「明日のテストの準備はできてる？」
「いや，できてないよ。」
「一緒に勉強しない？」
1「数学だったよ。」
2「図書館だよ。」
3「いいよ，もちろん。」

◢　Shall we ～?（一緒に～しない？）と誘われたことに対して，OK, sure.（いいよ，もちろん。）と答えている**3**が適切です。

No.7

A: Did you have a good time at the beach yesterday?
B: Yes, but I didn't go swimming.
A: Why not?
　1　**The water was too cold.**
　2　I stayed at home.
　3　My friends love swimming.

「昨日ビーチで楽しい時を過ごしたかい？」
「ええ，でも泳ぎには行かなかったの。」
「なぜ行かなかったの？」
1「水が冷たすぎたのよ。」
2「私は家にいたのよ。」
3「私の友だちは泳ぐのが大好きなの。」

No.8

A: What will you do this weekend?
B: My husband and I are going to go camping.
A: Have fun.
　1　Yes, at lunchtime.
　2　No, I didn't.
　3　**Thanks, we will.**

「今週末何をするつもり？」
「夫と私はキャンプに行く予定なの。」
「楽しんでね。」
1「ええ，昼食の時にね。」
2「いいえ，私はしなかったわ。」
3「ありがとう，楽しむわ。」

No.9

A: I forgot to buy stamps yesterday.

B: I have some in my desk.

A: Oh, really?

  1 Yes. I'll buy some paper.

  2 **Yes. I'll get them for you.**

  3 Yes. I'll go to the bank.

「昨日切手を買うのを忘れてしまったわ。」

「机の中に何枚かあるよ。」

「あら，本当？」

  1 「うん。紙を買うよ。」

  2 「うん。きみのために取ってくるよ。」

  3 「うん。銀行に行くよ。」

No.10

A: Excuse me. Do you have this shirt in a smaller size?

B: Yes, but we don't have that color.

A: What colors do you have?

  1 **Black and pink.**

  2 It's very pretty.

  3 It's on sale.

「すみません。このシャツのもっと小さいサイズはありますか。」

「はい，しかしその色はございません。」

「何色がありますか。」

  1 「黒とピンクです。」

  2 「とてもかわいいです。」

  3 「発売中[セール中]です。」

What colors do you have?（何色がありますか。）と色を聞かれているので，Black and pink.（黒とピンクです。）と答えている1が適切です。

リスニングテスト第2部　（問題　p.098〜099）

No.11

A: Do you want something to drink, Betty?
B: Do you have any juice?
A: Sorry, I don't. How about some coffee or tea?
B: Tea, please.

Question What will Betty drink?

A: 何か飲み物が欲しいかい，ベティ？
B: ジュースはある？
A: ごめん，ないんだ。コーヒーか紅茶はどう？
B: 紅茶をお願い。

質問 ベティは何を飲むでしょうか。

1　コーヒーです。　　　　2　ジュースです。
3　牛乳です。　　　　　　4　紅茶です。

 ジュースがないと言われたベティが，How about some coffee or tea?（コーヒーか紅茶はどう？）と聞かれてTea, please.（紅茶をお願い。）と言っているので，**4**が適切です。

No.12

A: My family has a new cat, Tina.
B: Wow, that's great, Charlie! How old is it?
A: It's three months old. It's white.
B: It sounds cute.

Question What are they talking about?

A: ぼくの家族は新しいネコを飼っているんだ，ティナ。
B: わあ，凄い，チャーリー！　ネコは何歳なの？
A: 3か月だよ。白いんだ。
B: かわいいんでしょうね。

質問 彼らは何について話していますか。

1 チャーリーのネコについてです。
2 チャーリーの赤ちゃんの妹についてです。
3 ティナの友人についてです。
4 ティナの誕生日についてです。

✔️ 少年がMy family has a new cat（ぼくの家族は新しいネコを飼っ
ているんだ）と少女に伝えてから，ネコの年齢や色の話が続いている
ので，**1**が適切です。

No.13

🔊 *A:* Did you go anywhere last weekend?

B: I went to Boston.

A: Why did you go there?

B: My grandmother lives there.

Question **Who lives in Boston?**

A: 先週末はどこかに行ったの？

B: ボストンに行ってきたよ。

A: なぜそこに行ったの？

B: 祖母が住んでいるんだよ。

質問 **ボストンには誰が住んでいますか。**

1 少女です。　　　　　　　　2 少年です。
3 少女の祖母です。　　　　　**4 少年の祖母です。**

✔️ 少女がWhy did you go there（＝to Boston）?とたずねたのに対
して，少年がMy grandmother lives there（＝in Boston）.（祖母
がそこに住んでいるんだ。）と答えているので，**4**が適切です。

No.14

🔊 *A:* Did you read the story about Africa in our history textbook?

B: Yes. It was so interesting.

A: Yeah. I want to write about Africa for my report.

B: Great.

Question **What does the girl want to do?**

A: 私たちの歴史の教科書にあるアフリカについての物語は読んだ？

B: うん。とても面白かったね。

A: そうよね。私はレポートでアフリカについて書きたいわ。

B: すばらしい。

質問 **少女は何をしたいと思っていますか。**

1 **アフリカについてのレポートを書くことです。**
2 新しい歴史の教科書を手に入れることです。
3 アフリカにいる彼女の友人を訪問することです。
4 少年の物語を読むことです。

✓ 少女がI want to write about Africa for my report.（私はレポート
でアフリカについて書きたいわ。）と言っているので，1が適切です。

No.15

A: Do you want to go out for lunch, Jim?

B: Sorry, I brought a salad today.

A: How about tomorrow?

B: Sure. Let's go to the Indian restaurant.

Question **What will they do tomorrow?**

A: お昼を食べに行かない，ジム？

B: ごめん，今日はサラダを持って来たんだよ。

A: 明日はどう？

B: もちろんいいよ。インド料理レストランに行こうよ。

質問 **彼らは明日何をするつもりですか。**

1 男性の家に行きます。　　　　2 **一緒に昼食を食べます。**
3 サラダを作ります。　　　　　4 インドへ旅行します。

✓ 今日は男性がサラダを持ってきたのでお昼を食べに行かないことに
なり，女性がHow about tomorrow?（明日はどう？）とたずねる
と，男性がSure.（もちろんいいよ。）と答えたので，2が適切です。

19年度 第3回 リスニング

143

No.16

A: Excuse me. Can you help me?

B: What's wrong?

A: I'm looking for the Edina Hotel, but I can't find it.

B: Here. Look at this map.

Question **What is the woman doing?**

A: すみません。手伝ってくれませんか。

B: どうしましたか。

A: エディナホテルを探しているのですが，見つからないんです。

B: ここですよ。この地図を見てください。

質問 **女性は何をしていますか。**

1 地図をかいています。　　2 地図を買っています。

3 ホテルを探しています。　　4 ホテルを出ようとしています。

✔ 男性がWhat's wrong?（どうしましたか。）とたずねると，女性が

I'm looking for the Edina Hotel（エディナホテルを探している）

と答えているので，3が適切です。

No.17

A: I went to the zoo on Saturday. How about you?

B: I went to the movies.

A: Did you go with your sister?

B: No, I went with my friend.

Question **Where did the girl go on Saturday?**

A: ぼくは土曜日に動物園に行ったよ。きみはどう？

B: 私は映画に行ったの。

A: お姉[妹]さんと行ったの？

B: いいえ，友だちと行ったのよ。

質問 **土曜日に少女はどこに行きましたか。**

1 動物園に。　　　　　　2 映画に。

3 姉[妹]の家に。　　　　4 友人の家に。

144

✅ 少年から How about you?（きみはどう？）と聞かれ，I went to the movies.（私は映画に行ったの。）と答えているので，2が適切です。

No.18

🔊
A: Hi, Mom. Where did you go?

B: To the supermarket. I needed potatoes.

A: Will you make potato salad?

B: No, I'm going to make soup.

Question **Why did the woman buy potatoes?**

A: やあ，お母さん。どこに行ってきたの？

B: スーパーに行ってきたの。ジャガイモが必要だったのよ。

A: ポテトサラダを作るの？

B: いいえ，スープを作る予定よ。

質問 なぜ女性はジャガイモを買ったのですか。

1 スープを作るためです。

2 カレーを作るためです。

3 ポテトチップスを作るためです。

4 ポテトサラダを作るためです。

✅ 息子にポテトサラダを作るのかとたずねられ，No のあとに I'm going to make soup.（スープを作る予定よ。）と答えているので，1が適切です。

No.19

🔊
A: Do you like science?

B: Not really. I like art the best.

A: I like art, too. But math is my favorite subject.

B: Math is too difficult for me.

Question **Which subject does the boy like the best?**

A: あなたは理科は好き？

19年度 第3回 リスニング

145

B: そんなに好きじゃないな。ぼくは美術が一番好きだよ。

A: 私も美術は好きよ。でも数学が一番好きな教科なの。

B: 数学はぼくには難しすぎるよ。

質問 **少年はどの教科が一番好きですか。**

1 数学です。　　　　　　　　　2 理科です。

3 美術です。　　　　　　　　4 歴史です。

✅ 少年は I like art the best.（ぼくは美術が一番好きだよ。）と言って
いるので，**3** が適切です。

No.20

🔊

A: Did you get tickets for tomorrow's concert?

B: No. I need to buy them this afternoon.

A: Let's go together after lunch.

B: Sounds good.

Question **What does the man need to do this afternoon?**

A: 明日のコンサートのチケットは取ったの？

B: いや。今日の午後，それを買う必要があるんだ。

A: お昼のあとに一緒に行きましょう。

B: いいね。

質問 **今日の午後，男性は何をする必要がありますか。**

1 銀行に行きます。　　　　　　2 コンサートに行きます。

3 昼食を作ります。　　　　　　**4 チケットを買います。**

✅ 男性が I need to buy them this afternoon.（今日の午後，それを
買う必要があるんだ。）と言っていますが，them は女性の発言にあ
る tickets を指すので，**4** が適切です。

146

リスニングテスト第3部　(問題　p.100〜101)

No.21

I was sick this morning, so I didn't go to school. I stayed in bed all day. My mother made some soup for me.

Question **What did the boy do today?**

ぼくは今朝具合が悪かったので，学校に行きませんでした。一日中寝込んでいました。母がぼくにスープを作ってくれました。

質問 **少年は今日何をしましたか。**

1 寝込んでいました。　　　　2 学校に行きました。
3 スープを作りました。　　　4 母親を手伝いました。

✏️ 2文目で，I stayed in bed all day.（一日中寝込んでいました。）と言っていることから，1が適切です。

📖 WORDS&PHRASES
□ sick—病気の　　□ stay in bed—寝込む　　□ soup—スープ

No.22

Last year, Jessica's older brother traveled around the world. He sent Jessica many postcards. Today, she brought them to school. Her friends liked them.

Question **What did Jessica bring to school today?**

昨年，ジェシカの兄は世界一周旅行をしました。彼はジェシカにたくさんのはがきを送りました。今日，彼女はそれらを学校に持ってきました。彼女の友人たちはそれを気に入りました。

質問 **今日ジェシカは何を学校に持ってきましたか。**

1 雑誌です。　　　　　　　　2 本です。

3 はがきです。　　　　　　　4 チケットです。

✏️ 3文目でshe brought them to school（彼女はそれらを学校に持ってきました）と言っていますが，themは前文のpostcardsを指

147

すので，**3**が適切です。

> 📖 **WORDS&PHRASES**
> □ travel around the world ─世界一周旅行をする　　□ sent ─ send（〜を送る）の過去形

No.23

🔈 Emily loves visiting her grandfather's farm. She likes riding horses and playing with her grandfather's dog. But she likes talking to her grandfather the best.

> **Question** **What does Emily like doing the best at the farm?**

エミリーは祖父の農場を訪れるのが大好きです。彼女は馬に乗ったり，祖父の犬と遊ぶのが好きです。しかし，彼女は祖父と話をするのが一番好きです。

> **質問** **エミリーは農場で何をするのが一番好きですか。**

1 馬に乗ることです。　　　　2 犬と遊ぶことです。

3 祖父と話をすることです。　4 動物を見ることです。

✅ 最後に… she likes talking to her grandfather the best.（彼女は祖父と話をするのが一番好きです。）と言っているので，**3**が適切です。

> 📖 **WORDS&PHRASES**
> □ like 〜ing ─〜するのが好きだ　　□ like 〜 the best ─〜が一番好きだ

No.24

🔈 Attention, students. Remember to bring a flower to school tomorrow. You'll need it for art class. Any color is fine.

> **Question** **What do the students have to do tomorrow?**

生徒の皆さん，聞いてください。明日忘れずに花を一輪学校に持ってきてください。美術の授業で必要です。何色（の花）でもいいです。

> **質問** **明日生徒は何をしなければなりませんか。**

1 学校に花を持ってくること。

2 授業に早く行くこと。

148

3 彼らの美術の先生を手伝うこと。
4 彼らの一番好きな色について話すこと。

✅ Remember to bring a flower to school tomorrow.（明日忘れずに花を一輪学校に持ってきてください。）と言っているので，**1**が適切です。

📖 **WORDS&PHRASES**

□ **Attention.**—聞いてください。　　□ **remember to ～**—～するのを覚えている

No.25

🔊 This summer, my family will take a trip from July 25 to August 7. My birthday is August 1, so we'll have my birthday party at a restaurant.

Question **When is the boy's birthday?**

今年の夏，ぼくの家族は7月25日から8月7日まで旅行をする予定です。ぼくの誕生日は8月1日なので，レストランで誕生日会をする予定です。

質問 **少年の誕生日はいつですか。**

1 7月1日です。　　　　　　2 7月25日です。

3 8月1日です。　　　　　　4 8月7日です。

✅ 2文目でMy birthday is August 1（ぼくの誕生日は8月1日です）と言っているので，**3**が適切です。2と4は旅行の期間に関する日付です。

📖 **WORDS&PHRASES**

□ **take a trip**—旅行する　　□ **July**—7月　　□ **August**—8月

No.26

🔊 I love fall. It's my favorite season. The trees are beautiful, and it's cooler than in summer. I like going to the mountains in fall.

Question **What is the girl talking about?**

私は秋が大好きです。それは私の大好きな季節です。木々は美しく，夏

149

よりも涼しいです。私は秋に山に行くのが好きです。

質問 **少女は何について話していますか。**

1 彼女の修学旅行です。　　　　2 彼女の家族の庭です。

3 **彼女の一番好きな季節です。**　4 彼女の夏休みです。

☑ 1，2文目で秋が少女にとって一番好きな季節だとわかります。その
あとでも秋が好きな理由などが述べられているので，**3**が適切です。
2文目の**It's my favorite season.**（それは一番好きな季節です。）の
Itは1文目の**fall**を指しています。

📖 **WORDS&PHRASES**

□ **fall**—秋　　□ **season**—季節　　□ **cooler**—**cool**（涼しい）の比較級

No.27

🔊 Jennifer's camera broke last weekend. She's going to visit
Hawaii next month, so she'll go shopping for a new one this
afternoon.

Question **Why will Jennifer go shopping this afternoon?**

ジェニファーのカメラが先週末壊れました。彼女は来月ハワイを訪れる
予定なので，今日の午後，新しいものを買いに，買い物に行きます。

質問 **なぜジェニファーは今日の午後買い物に行くのですか。**

1 ハワイの食べ物を買うためです。

2 **新しいカメラを買うためです。**

3 旅行のチケットを手に入れるためです。

4 新しい水着を手に入れるためです。

☑ 最初に**Jennifer's camera broke last weekend.**（ジェニファー
のカメラが先週末壊れました。）と言ったあと，… **so she'll go**
shopping for a new one this afternoon.（それで今日の午後新し
いものを買うために買い物に行きます。）と述べています。**a new**
oneの**one**は1文目の**camera**を指すので，**2**が適切です。

📖 **WORDS&PHRASES**

□ **broke**—**break**（壊れる）の過去形　　□ **visit**—〜を訪れる　　□ **next month**—来月

No.28

Sarah often goes to a restaurant near her house. She usually has noodles or sushi, but today she tried curry and rice. She loved it.

Question **What did Sarah eat at the restaurant today?**

サラはよく家の近くのレストランに行きます。彼女はたいてい麺類か寿司を食べますが，今日はカレーライスを食べてみました。彼女はそれをとても気に入りました。

質問 **今日サラはレストランで何を食べましたか。**

1 寿司です。 2 麺類です。

3 フライドチキンです。 **4 カレーライスです。**

▼ 2文目の後半で，… today she tried curry and rice.（今日彼女はカレーライスを食べてみました。）と言っているので，**4**が適切です。1と2はサラが普段食べるものです。

📖 WORDS&PHRASES
□ **often**—よく □ **usually**—たいてい □ **noodles**—麺類 □ **try**—〜を試す

No.29

I took a swimming test last month. I practiced hard for it. I passed the test, so I'll start a more difficult class this week.

Question **What will the boy do this week?**

ぼくは先月水泳のテストを受けました。ぼくはそのために一生懸命練習しました。テストに合格したので，今週，より難しいクラスを開始するつもりです。

質問 **少年は今週何をするつもりですか。**

1 テストを受けます。 2 学校の勉強をします。

3 水着を買います。 **4 新しいクラスを始めます。**

▼ 3文目で… I'll start a more difficult class this week.（ぼくは今週，より難しいクラスを開始するつもりです。）と言っていますが，

このクラスは先月水泳のテストに合格したために入る，新しいクラスと分かります。そのため**4**が適切です。

> 📖 **WORDS&PHRASES**
> □ **took**—take(〜を受ける)の過去形　□ **practice**—練習する
> □ **pass**—〜に合格する

No.30

🔊 Welcome to the last game of the season. Today, hot dogs are only two dollars each, and soft drinks are one dollar each. Enjoy the game!

Question **How much is a hot dog today?**

- -

シーズン最終戦へようこそ。今日，ホットドッグは1つたった2ドル，清涼飲料水はそれぞれ1ドルです。試合をお楽しみください！

質問 **今日ホットドッグはいくらですか。**

1　1ドルです。　　　　　　　　**2　2ドルです。**

3　3ドルです。　　　　　　　　4　4ドルです。

- -

☑ 2文目で，Today, hot dogs are only two dollars each (今日，ホットドッグは1つたった2ドルです)と言っているので，**2**が適切です。1は清涼飲料水の値段です。

> 📖 **WORDS&PHRASES**
> □ **Welcome to 〜.**—〜へようこそ。　□ **the last**—最後の
> □ **each**—1つ(につき)，それぞれ

英検 **4** 級
合格力チェックテスト 解 答 と 解 説

筆記 [p.104 - p.113]

1　(1) **4**　(2) **1**　(3) **2**　(4) **3**　(5) **4**
　　(6) **3**　(7) **4**　(8) **3**　(9) **2**　(10) **4**
　　(11) **2**　(12) **3**　(13) **1**　(14) **1**　(15) **3**

2　(16) **2**　(17) **3**　(18) **4**　(19) **1**　(20) **3**

3　(21) **1**　(22) **1**　(23) **3**　(24) **1**　(25) **4**

4A　(26) **1**　(27) **2**
4B　(28) **3**　(29) **3**　(30) **2**
4C　(31) **3**　(32) **2**　(33) **2**　(34) **3**　(35) **2**

リスニング [p.114 - p.119]

第 **1** 部　[No.1] **2**　[No.2] **1**　[No.3] **3**　[No.4] **3**　[No.5] **2**
　　　　[No.6] **3**　[No.7] **2**　[No.8] **1**　[No.9] **2**　[No.10] **1**

第 **2** 部　[No.11] **2**　[No.12] **1**　[No.13] **2**　[No.14] **3**　[No.15] **3**
　　　　[No.16] **4**　[No.17] **2**　[No.18] **4**　[No.19] **3**　[No.20] **2**

第 **3** 部　[No.21] **2**　[No.22] **3**　[No.23] **2**　[No.24] **2**　[No.25] **2**
　　　　[No.26] **1**　[No.27] **4**　[No.28] **3**　[No.29] **3**　[No.30] **2**

合格診断チャートに得点を記入しよう！

合格力チェックテストの単元ごとの正解数を，下のチャートに中心からめもりを数えて印をつけ，線で結びます。得点が低かった分野については，下の「分野別弱点克服の方法」を参考に学習を進めましょう！

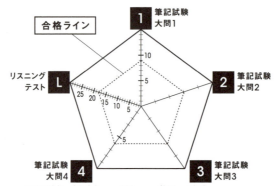

※合格ラインは弊社独自の参考値です。必ずしも合格を保証するものではありません。

分野別弱点克服の方法

自分の弱点に集中して取り組み，効率的に合格に必要な対策をしましょう。

1 筆記試験大問1
語い力の強化が得点アップのカギになりそうです。英検用の単語帳などを使って対策をしましょう。単語帳なら，意味をかくしてもわかるようにしましょう。

2 筆記試験大問2
会話で使われる決まった表現を強化しましょう。単語帳にのっている会話表現を言えるようになるくらい，しっかり覚えておくのがおすすめです。

3 筆記試験大問3
語句の並べかえでは，比較表現・会話表現・熟語などが出やすいです。過去問や英作文の問題で表現を使いわける練習をしておくとよいでしょう。

4 筆記試験大問4
読解力を強化しましょう。登場人物がどこで何をするかなど質問されやすいキーワードを本文のなかから探し，その部分に注意して読みましょう。

L リスニングテスト
リスニング力の強化のために，音声教材付きの単語帳・問題集を使って例文や会話をくり返し聞きましょう。あらかじめ選択肢に目を通しておくのもよいでしょう。

1

（問題 p.104 ～ 105）

(1) ジョンは学校で2種類の言語，フランス語と中国語を習っています。

1 公園　　2 学校　　3 段階　　4 言語

✓ French and Chinese がポイントです。これは「フランス語と中国語」という意味なので，languages（言語）となり **4** が適切です。

📖 WORDS&PHRASES
□ French — フランス語　　□ Chinese — 中国語

(2) *A:* 映画のチケットはいくらですか。

B: 12ドルです。

1 チケット　　2 時間　　3 スター　　4 劇場

✓ How much ～? がポイントです。値段をたずねているので，**1** の ticket が適切です。ほかの選択肢は the movie から連想しやすい語ですが，値段をたずねる状況に合いません。

📖 WORDS&PHRASES
□ movie — 映画　　□ dollar — ドル　　□ ticket — チケット，券

(3) *A:* どのように手紙を送りましたか。

B: 速達郵便で。

1 ～を書く　　2 ～を送る　　3 ～を開ける　　4 ～を取る

✓ Bが手紙を送った方法を答えているので，**2** の send が適切です。

📖 WORDS&PHRASES
□ express mail — 速達郵便　　□ send — ～を送る

(4) *A:* あなたの学校には，生徒は何人いますか。

B: 千人をちょっと超えます。

1 数　　2 教室　　3 千　　4 キロメートル

✓ How many ～? がポイントです。生徒の人数をたずねているので，

合格力チェックテスト　筆記

155

数を表す3の thousand が適切です。ほかの選択肢の語は，生徒の人数を述べる語として適しません。

📖 WORDS&PHRASES
☐ **a little**―少し　　☐ **over ～**―～を超えて，～より多く

---

(5) **A:** こんにちは。私の名前はマンディで，オーストラリア出身です。
B: 本当ですか。ぼくもオーストラリア出身で，ぼくの名前はジョンです。
1 また，再び　　**2** 遠くへ　　**3** いつも　　**4** ～もまた

✎ AとBの2人はどちらも出身地が同じであるということがポイントです。「～も」という意味の**4**の also が適切です。

📖 WORDS&PHRASES
☐ **from ～**―～出身の　　☐ **really**―本当に　　☐ **also**―～もまた

---

(6) **A:** ロバート，夕食の前に宿題をしなさい。
B: わかったよ，お母さん。
1 ～と　　**2** ～の上に　　**3** ～の前に　　**4** ～へ

✎ 空所のあとに dinner が続いていることがポイントです。「夕食～宿題をしなさい」という意味なので，「～の前に」という意味を表す**3**の before が適切です。

📖 WORDS&PHRASES
☐ **homework**―宿題　　☐ **before ～**―～の前に

---

(7) ジャックは小さな村の出身ですが，今は彼は大きな都市に住んでいます。
1 サイズ　　**2** 橋　　**3** 旅　　**4** 村

✎ 文の前半と後半が「しかし」という意味の but でつながっていることがポイントです。後半の「大きな都市」に対して，前半では「(小さな)村」となる**4**の village が適切です。

📖 WORDS&PHRASES
☐ **city**―都市　　☐ **village**―村

(8) ピーターのクラスはバスツアーで海辺に行きました。彼らはそこでとても楽しい時間を過ごしました。

1 play(遊ぶ)の過去形
2 take(〜を取る)の過去形
3 have(〜を経験する)の過去形
4 speak(話す)の過去形

✓ 空所のあとの a very good time がポイントです。have a good time で「楽しい時間を過ごす」という意味なので3の had が適切です。

📖 WORDS&PHRASES
□ bus tour―バスツアー　　□ have a good time―楽しい時間を過ごす

(9) これはとても有名な祭りです。世界中から多くの人がやって来ます。

1 〜の間中　　　　　　　　　2 〜中に
3 〜といっしょに　　　　　　4 〜まで

✓ 「世界中から多くの人々がやって来ます」という意味の文になると考えられるので，「世界中」という意味の all over the world を作ることができる2の over が適切です。

📖 WORDS&PHRASES
□ festival―祭り　　□ all over the world―世界中

(10) ケイトは，最後にケーキの上に何種類かの果物を加えました。それはとてもおいしかったです。

1 植物　　　　　　　　　　　2 停車場
3 腕　　　　　　　　　　　　4 種類

✓ 「ケーキの上に何〜かの果物を加えました」という意味の文 な の で，「種類」という意味を表す4の kinds が適切です。some kinds of 〜 は「何種類かの〜」という意味です。

📖 WORDS&PHRASES
□ add―〜を加える　　□ last―最後に　　□ delicious―とてもおいしい

合格力チェックテスト　筆記

157

(11) 父は毎朝とても早く目を覚まします。彼は朝食の前にジョギングに行きます。

1 待つ　　　　　　　　　　　2 目を覚ます
3 〜を見つける　　　　　　　4 〜を捕まえる

✓ 空所のあとの up がポイントです。「毎朝とても早く〜」という意味の文なので，wake up（目を覚ます）という意味にするのが適切です。

📖 WORDS&PHRASES
□ wake up—目を覚ます　　□ go jogging—ジョギングに行く

(12) 何人かの子どもたちがよくこの公園でキャッチボールをします。

1 〜を見せる　　　　　　　　2 〜を取る
3 〜をする　　　　　　　　　4 立つ

✓ 空所のあとの catch（キャッチボール）がポイントです。play catch で「キャッチボールをする」という意味を表すので，3の play が適切です。

📖 WORDS&PHRASES
□ often—よく　　□ play catch—キャッチボールをする

(13) ヘンリーと彼の友だちは明日ハイキングに行く予定です。でも，ヘンリーの兄[弟]は宿題がたくさんあるため行かないつもりです。

1 will not の短縮形　　　　2 is not の短縮形
3 do not の短縮形　　　　4 are not の短縮形

✓ 1文目に tomorrow とあり，未来の話をしているので，「〜しないつもりだ」という未来のことを表す1の won't が適切です。

📖 WORDS&PHRASES
□ go hiking—ハイキングに行く　　□ because 〜—〜なので　　□ a lot of 〜—多くの〜

(14) 食器を洗っていたとき，キャシーはコップを割ってしまいました。

1 break（〜を割る）の過去形
2 〜を割る（主語が he, she, it の場合）
3 〜を割るだろう

4 ～を割ること，～を割るための，～を割るために

✓ when 以降が「食器を洗っていたとき」という過去の意味なので，過去形の**1**のbrokeが適切です。**2**は現在形，**3**は未来のことを表します。**4**は不定詞なので，空所に入れても文が成り立ちません。

📖 **WORDS&PHRASES**
　□ **wash the dishes**—食器を洗う　　□ **glass**—コップ

---

(15)　**私はサッカーより野球のほうが好きです。**
　1 上手な，よい
　2 上手に，よく
　3 good，well の比較級
　4 good，well の最上級

✓ 空所のあとの than がポイントです。than は「～より」という意味を表すので，比較級を表す**3**の better が適切です。like A better than B で「B より A のほうが好きだ」という意味です。

📖 **WORDS&PHRASES**
　□ **like A better than B**—B より A のほうが好きだ

2 (問題 p.106)

(16) 少年：書店で何かいい本を買ったの？
少女：ええ，何冊か買ったわ。**ほら，ここにあるわよ。**

　　　1 ３時間よ。

　　　2 ほら，ここにあるわよ。

　　　3 それらを忘れたの。

　　　4 道に迷ったのよ。

☑ 書店で本を何冊か買ったという話をしているので，その本を相手に見せるときの表現の**2**が適切です。ものが１つのときは，Here it is. と言います。

📖 **WORDS&PHRASES**
□ **bought**—**buy**（〜を買う）の過去形

(17) 父親：アン，きみの学園祭はどうだった？
娘：とても楽しかったわ，お父さん。多くの人が訪れて，私たちの劇を見てくださったの。

　　　1 寒くなかったわ，

　　　2 知らないわ，

　　　3 とても楽しかったわ，

　　　4 そこを訪れるつもりよ，

☑ 父親は「学園祭はどうだったの？」とたずねているので，It was a lot of fun,（とても楽しかった）と答えている**3**が適切です。

📖 **WORDS&PHRASES**
□ **school festival**—学園祭

(18) 少女：クリス，今日は元気そうね。気分はどう？
少年：ありがとう。もうすぐぼくは退院できると思うよ。

　　　1 あなたのお医者さまはどなた？

　　　2 いつここに来たの？

　　　3 どうしたの？

　　　4 気分はどう？

☑ 少年が「もうすぐ退院できると思う」と答えています。How do you feel?（体調はどう？）とたずねている**4**が適切です。

📖 **WORDS&PHRASES**

□ **get out of ～**——～から出る   □ **hospital**——病院

(19) 少年：コンビニに行くのに自転車がいるんだ。きみのを使ってもいいかな？
少女：いいわよ。家の前にあるわ。

　　1　きみの自転車を使ってもいい？

　　2　きみは車の運転ができる？

　　3　そこはここから遠い？

　　4　きみは自転車を何台持っているの？

☑ 少女は No problem.（問題ありません。）と答えて「それは家の前にあるわ」と続けているので，May I ～?（～してもいいですか）を使って「自転車を使ってもいいですか」と許可を求めている**1**が適切です。

📖 **WORDS&PHRASES**

□ **convenience store**——コンビニエンスストア

(20) 少女：ビル，あなたはいつサッカーの練習をするの？
少年：土曜日と日曜日だよ。ぼくはサッカーをするのが大好きなんだ。

　　1　ぼくはそれをプレーできるよ。

　　2　もうかれこれ２年になるね。

　　3　土曜日と日曜日だよ。

　　4　いや，ぼくはしないよ。

☑ 少女は When ～? を使っていつサッカーの練習をしているのかをたずねているので，On Saturdays and Sundays.（毎週土曜日と日曜日だよ。）と答えている**3**が適切です。

📖 **WORDS&PHRASES**

□ **practice**——～を練習する   □ **about**——およそ，約

161

3

(問題 p.107)

(21) **Yesterday, they (walked from the school to the zoo) in the park.**

- ☑ 「AからBまで歩く」は walk from A to B で表します。

(22) **My sister (is very good at playing) the piano.**

- ☑ 「～が上手である，得意である」は be good at ～で表し，「とても」を表す very は good の前に入れます。be good at ～はほかにもスポーツや教科など，得意なことを伝えるときに使います。

(23) **The museum (is more famous than the castle) in my town.**

- ☑ 「AよりBのほうが有名です」は B is more famous than A のように表します。比較級を表す語は，最後に er をつけて表すことが多いのですが，famous などの長い語は前に more を入れて表します。

(24) **It (began to rain early this) morning.**

- ☑ 「～し始める」は begin to ～で表します。また，began は begin の過去形です。early を this morning の前につけると「けさ早く」という意味を表します。

(25) **My grandfather (showed us the pictures of his trip).**

- ☑ 「AにBを見せる」は show A B で表します。show のあとには見せる相手を表す語を続けて，そのあとに見せるものを表す語を続けます。見せるものを先にして show B to A と表すこともできます。

162

4A

(問題　p.108 ～ 109)

本文の意味

絵のかき方を学びましょう

私たちの美術教室に来てください。みなさんは私たちともっと上手な絵のかき方を学ぶことができます。㉖レッスンは火曜日の午後で３か月間です。それぞれのレッスンでは，犬や山，花のような，違った物をかきます。
最も上手な絵を，市立図書館に１か月間展示します。
㉗より詳しい情報は，教務室のコブ先生と話してください。

㉖　レッスンはどれくらいの頻度で行われますか。
1　週に１度です。　　　　　　　2　週に２度です。
3　月に１度です。　　　　　　　4　月に３度です。

✓　下線部㉖に Lessons are on Tuesday afternoons とあるので，**1** の「週に１度」が適切です。ほかの曜日については書かれていないので，**2**は不適切です。掲示の問題では，「いつ」「どこで」など時や場所に注意して読みましょう。

㉗　その教室についてだれと話すことができますか。
1　美術専攻の生徒たちです。　　2　コブ先生です。
3　市立図書館の職員です。　　　4　生花店の従業員です。

✓　掲示の最後の下線部㉗に For more information, speak with Mrs. Cobb とあることから，授業について話すことができるのはコブ先生と考えられるので，**2**が適切です。ほかの選択肢の人物は掲示の中に書かれていません。

📖 **WORDS&PHRASES**

□ **draw**─（絵）をかく　　□ **art**─美術　　□ **class**─授業，講習
□ **better**─**good**(上手な)の比較級　　□ **each**─それぞれの　　□ **different**─違う
□ **such as** ～─～のような　　□ **best**─**good**(上手な)の最上級　　□ **drawing**─絵
□ **more**─もっと多くの　　□ **information**─情報
□ **a week**[**month**]─１週間[１か月]につき　　□ **～ times**─～回

合格力チェックテスト

筆記

163

4B

（問題　p.110 〜 111）

本文の意味

送信者：デビー・スミス
宛先：サオリ・ヤマダ
日付：4月19日
件名：折り鶴を作ること

親愛なるサオリ，
今日，私は折り紙を習ったの。㉘私は折り紙で鶴を作ったのよ。　もちろん，あなたはできるよね？　1,000羽作ると，幸運をもたらすということも習ったよ。今度の土曜日か日曜日にいっしょに作ろうよ。野球部に持っていけるわ。来月，大きな大会があるからね。
あなたの友だち，
デビー

送信者：サオリ・ヤマダ
宛先：デビー・スミス
日付：4月21日
件名：折り鶴

親愛なるデビー，
折り鶴のことを弟［兄］に話してみたわ。彼も作れるし，私たちに参加できるわ。そうしたらすぐに1,000羽の鶴を作り終えられるわね。㉙あなたの家にいっしょに行きます。㉚私たちは日曜日のほうが都合がいいわ。私たちの学校の野球部は去年決勝戦で勝ったの。今年もまた勝つことを期待しているわ。
ありがとう，
サオリ

㉘　デビーは4月19日に何をしましたか。
　1　和紙を作りました。
　2　1,000羽の折り鶴を作り終えました。
　3　紙で鶴を作りました。

164

4 野球部に入りました。

✎ 下線部㉘に I made cranes with paper. とあり，その日の出来事なので，**3**が適切です。**2**は 1,000 が合いません。デビーは千羽鶴の意味を学んだだけで，その日に 1,000 羽の鶴を折ったわけではありません。

㉙ **彼らはどこで作業をするつもりですか。**
1 野球部の部室です。
2 学校です。
3 デビーの家です。
4 サオリの家です。

✎ 下線部㉙に We will come to your house together. とあります。この your house とはデビーの家のことなので，**3**が適切です。E メールの問題では，送り手と受け手を確認して，文中の I や you がだれを指すのかに注意しましょう。

㉚ **デビーはサオリと彼女の弟 [兄] に…に会います。**
1 今度の土曜日　　　　　　　　**2 今度の日曜日**
3 来月　　　　　　　　　　　　**4 来年**

✎ 下線部㉚に Sunday is better for us. とあるので，**2**が適切です。**1**はデビーが提案した中にあり，サオリは日曜日を選んでいるので，不適切です。

📖 **WORDS&PHRASES**

☐ **date**—日付　　☐ **April**— 4 月　　☐ **subject**—件名，テーマ，主題
☐ **Dear ~,**—親愛なる~,　　☐ **made**—make(~を作る)の過去形　　☐ **with ~**—~で
☐ **of course**—もちろん　　☐ **also**—~もまた　　☐ **bring**—~をもたらす
☐ **good luck**—幸運　　☐ **Let's ~.**—~しましょう。　　☐ **together**—いっしょに
☐ **take**—~を持っていく　　☐ **told**—tell(~に話す)の過去形　　☐ **too**—~もまた
☐ **join**—~に参加する　　☐ **quickly**—すぐに　　☐ **won**—win(~に勝つ)の過去形
☐ **final**—最終の　　☐ **hope ~**—~であることを望む

合格力チェックテスト

筆記

165

4C

(問題　p.112～113)

本文の意味

学校のまわりに花を植えること

　ジュディは日本の中学校の新入生です。㉛彼女は日本に1か月前に来ました。今ではクラスに友だちがたくさんいます。

　この前の土曜日の5月10日に，彼女のクラス全員が「学校のまわりに花を植えよう」祭りに参加しました。10時に彼らは校庭で会いました。㉜5人一組のチームを作りました。計画は，校庭とサッカー場のまわりに花を植えることでした。

　㉝その行事の初めに，園芸店の人たちが花をいくつか植えました。ジュディやほかの生徒たちはそれを見て彼らから学びました。各チームは植えるための50本の花，園芸道具，2つの水やり用のバケツを受け取りました。およそ10種類の花がありました。ジュディは花を植えるのをとても楽しみました。

　㉞12時30分にすべてを終えました。㉟昼食後，ジュディと彼女のチームメンバーたちは，学校を歩いて花を見て回りました。自分たちの学校が今はきれいになったので，彼らは幸せを感じました。

(31)　ジュディはいつ日本に来ましたか。
　　1　この前の土曜日です。　　　　2　先週です。
　　3　先月です。　　　　　　　　　4　去年です。

📝　下線部㉛に She came to Japan a month ago. とあるので，3が適切です。説明文では，第1段落に人物について書かれていることが多く，その内容からよく出題されます。

(32)　各チームには何人いましたか。
　　1　2人です。　　　　　　　　　2　5人です。
　　3　10人です。　　　　　　　　4　50人です。

📝　下線部㉜に They made teams of five students. とあるので，2が適切です。How many ～? は人やものの数をたずねるときに使います。

166

(33) 生徒たちが花を植え始める前に，…

1 彼らの先生がスピーチをしました。
2 実演がありました。
3 彼らは園芸店を訪ねました。
4 彼らは昼食を食べました。

下線部㉝に At the beginning of the event, people from a garden center planted some flowers. とあります。さらに，Judy and the other students watched and learned from them. とあるので，園芸店の人たちが花を植えたことを demonstration（実演，デモンストレーション）と表現している 2 が適切です。

(34) 12時30分に何が起こりましたか。

1 彼らが校庭で会いました。
2 彼らが花を植え始めました。
3 彼らが行事を終えました。
4 彼らが下校しました。

下線部㉞に At 12:30, they finished everything. とあります。つまり，この時刻に行事が終わったということなので，3 が適切です。

(35) ジュディと彼女のチームメンバーたちは，なぜ学校を歩き回ったのですか。

1 花を選ぶためです。
2 花を見るためです。
3 花の写真を撮るためです。
4 花に水をやるためです。

下線部㉟に Judy and her team members walked around the school to see the flowers. とあります。つまり，この「花を見る」ことが学校を歩き回った目的なので，2 が適切です。

WORDS&PHRASES

□ around ～—～のまわりに　□ May—5月　□ join—～に参加する
□ festival—祭り　□ met—meet(会う)の過去形
□ beginning—初め　□ event—行事　□ garden center—園芸店
□ other—ほかの　□ each—それぞれの　□ tool—道具
□ enjoy ～ing—～することを楽しむ　□ felt—feel(感じる)の過去形
□ start to ～—～し始める　□ make a speech—スピーチをする
□ demonstration—実演　□ happen—起こる
□ left—leave(～を出発する)の過去形　□ choose—～を選ぶ

リスニングテスト第1部　(問題 p.114～115)

〈例題〉

A: Hi, my name is Yuta.　「やあ，ぼくの名前はユウタだよ。」

B: Hi, I'm Kate.　「こんにちは，私はケイトよ。」

A: Do you live near here?　「きみはこの近くに住んでいるの？」

　　1　I'll be there.　　　1「そちらに行きます。」

　　2　That's it.　　　　2「それだわ。」

　　3　Yes, I do.　　　**3「ええ，そうよ。」**

No.1

A: Here we are at the station!　「はい，駅に着きました！」

B: Thanks for bringing me in your car.　「車で送ってくれてありがとう。」

A: No problem. Have a nice day.　「どういたしまして。よい1日を。」

　　1　By next week.　　　1「来週までにね。」

　　2　You, too.　　　　**2「きみもね。」**

　　3　By train.　　　　　3「電車でね。」

No.2

A: It was exciting.　「わくわくしたわね。」

B: Yeah, I love watching soccer games.　「うん，ぼくはサッカーの試合を見るのが大好きなんだ。」

A: Do you often come here?　「ここにはよく来るの？」

　　1　Yes, once in every two weeks.　　**1「うん，2週間に1度ね。」**

　　2　No, maybe this weekend.　　2「いや，たぶん今週末だね。」

　　3　OK, I'll be waiting at the gate.　　3「わかった，入り口で待っているよ。」

▟ 「ここによく来ますか」と聞かれているので，「2週間に1度」と具体的な頻度を答えている1が適切です。

168

No.3

A: I have a piano concert tomorrow.

B: Wow! Are you excited?

A: Yes, my grandparents are going to come.

  1 Every morning.

  2 About 1,000 people.

  3 **Good luck.**

「明日はピアノの発表会なんだ。」

「うわぁ！　きみはわくわくしてる？」

「うん，祖父母が来る予定なの。」

  1「毎朝だね。」

  2「約 1000 人だね。」

  3「がんばってね。」

No.4

A: Your cat is so cute!

B: Thank you. Her name is Mimi.

A: How old is she?

  1 She's my cat.

  2 She's on the sofa.

  3 **She's about three months old.**

「きみのねこはとてもかわいいね！」

「ありがとう。名前はミミって言うの。」

「いくつなの？」

  1「私のねこよ。」

  2「ソファーの上にいるわ。」

  3「3 か月くらいよ。」

- -

✒ How old ～? は年齢やものの古さをたずねるときの表現です。「約3か月」と答えている**3**が適切です。

No.5

A: Do you play any sports?

B: Yes. I'm good at table tennis.

A: Really? When did you start?

  1 At night.

  2 **When I was five.**

  3 Every Saturday evening.

「あなたは何かスポーツをするの？」

「うん。ぼくは卓球が得意だよ。」

「そうなの？　いつ始めたの？」

  1「夜だよ。」

  2「ぼくが 5 歳のときだよ。」

  3「毎週土曜日の夕方だよ。」

No.6

A: That Italian restaurant looks nice.
B: Let's have lunch there now.
A: Sorry, I had a late breakfast.

  1 They don't serve lunch.
  2 Yes, I'm hungry, too.

  3 Oh, maybe next time, then.

「あのイタリア料理のレストランはよさそうだね。」
「今, あそこでお昼を食べましょうよ。」
「ごめん, ぼくは遅い朝食を食べたんだ。」

  1「昼食は出していないのよ。」
  2「ええ, 私もおなかがすいているわ。」

  3「あら, それでは次回ね。」

No.7

A: Mom.
B: What's the matter, John?
A: I have a headache.

  1 I'll see you tomorrow.
  2 Let's go to see the doctor.
  3 I took medicine.

「お母さん。」
「どうしたの, ジョン？」
「頭が痛いんだ。」

  1「明日会いましょう。」
  2「お医者さんに診てもらいに行きましょう。」
  3「私は薬を飲んだわ。」

 少年が最後に「頭が痛い」と言っているので, Let's go to see the doctor.（医者に診てもらいに行こう。）と言っている**2**が適切です。

No.8

A: Excuse me.
B: Yes, may I help you?
A: Do you have bigger jackets than this?

  1 Yes. They are over there.
  2 I wear size 48.
  3 I like the color.

「すみません。」
「はい, 何かご用ですか。」
「これよりも大きいジャケットはありますか。」

  1「はい。あちらにございます。」
  2「私は48というサイズを着ます。」
  3「私はその色が好きです。」

No.9

A: There's a big concert next week.

B: Yes. I know about it, too.

A: Will you go?
1 For two hours.
2 Yes, I will.
3 It's on Wednesday.

「来週は大きなコンサートがあるんだ。」

「ええ。私もそのことを知っているわ。」

「きみは行くの？」
1 「2時間よ。」
2 「ええ，行くわよ。」
3 「それは水曜日よ。」

☑ 男性が女性にコンサートに行くのかどうかをたずねています。Yes, I will.（ええ，行くわよ。）と答えている**2**が適切です。

No.10

A: I'm going to work in New York.

B: Really? I lived there once.

A: How long did you live there?
1 For about two years.
2 It's really hot.
3 I was a student there.

「ぼくはニューヨークで働くことになったよ。」

「本当？　私は以前そこに住んでいたわ。」

「どのくらいの間そこに住んでいたの？」
1 「約2年間ね。」
2 「とっても暑いわ。」
3 「私はそこで学生だったの。」

☑ 2人はニューヨークについて話していて，男性が最後にどのくらいの間住んでいたのかをたずねています。したがって，For about two years.（約2年間ね。）と答えている**1**が適切です。

合格力チェックテスト　リスニング

171

リスニングテスト第2部

（問題　p.116〜117）

No.11

A: Hello?

B: Hello, this is Jack speaking. Is Mary home?

A: Sorry, she's at the library.

B: OK. I'll call back later this evening.

Question **Where is Mary now?**

A: もしもし。

B: もしもし，こちらはジャックです。メアリーさんは家にいらっしゃいますか。

A: ごめんなさい，彼女は図書館にいます。

B: わかりました。今晩あとで電話をかけ直します。

質問 今，メアリーはどこにいますか。

1 ジャックの家に。　　　　　　2 図書館に。

3 駅に。　　　　　　　　　　　4 母親といっしょに家に。

📝 メアリーが家にいるかをたずねられて，女性は Sorry, she's at the library. と言っているので，**2**が適切です。

No.12

A: You look sad, Thomas.

B: I really am.

A: What's the matter? Did you have a fight?

B: No. A good friend of mine went back to his country.

Question **Why is Thomas sad?**

A: トーマス，悲しそうね。

B: ほんと，そうなんだよ。

A: どうしたの？　けんかしたの？

B: ちがうよ。親しい友だちが国に帰ってしまったんだよ。

質問 なぜトーマスは悲しいのですか。

172

1 彼は友だちがいなくなってさびしく思います。
2 彼は国に帰らなければなりません。
3 彼は友だちとけんかをしました。
4 彼はテストでうまくやれませんでした。

☑ たずねられているのは，トーマスが悲しんでいる理由です。トーマスは会話をしている少年で，最後に A good friend of mine went back to his country. と言っているので，**1**が適切です。

No.13

🔊
A: Is this your bike, Greg?

B: No, it's my brother's, Cindy.

A: Don't you have one?

B: No, I don't. I usually use my brother's.

Question **Whose bike is it?**

- -

A: これはあなたの自転車なの，グレッグ？

B: いや，それは兄［弟］のだよ，シンディ。

A: あなたは持っていないの？

B: うん，持っていないんだ。ぼくはたいてい兄［弟］のを使っているんだよ。

質問 **それはだれの自転車ですか。**

1 グレッグのです。

2 グレッグのお兄［弟］さんのです。

3 シンディのです。

4 シンディのお兄［弟］さんのです。

- -

☑ たずねられているのは，自転車の持ち主です。グレッグとシンディの対話で，グレッグが it's my brother's（私の兄［弟］のです）と言っているので，**2**が適切です。

No.14

🔊
A: What tests did you take today, David?

合格力チェックテスト　リスニング

173

B: Japanese and math.

A: Do you have any more tests this week?

B: Yes, science on Wednesday and history on Thursday.

Question **Which test is on Wednesday?**

A: デイビッド，今日は何のテストを受けたの？

B: 日本語と数学だよ。

A: 今週はもっとテストがあるの？

B: うん，水曜日に理科があって，木曜日には歴史があるよ。

質問 **水曜日にはどのテストがありますか。**

1 日本語です。　　　　　　　　2 数学です。

3 理科です。　　　　　　　　　4 歴史です。

✔ 水曜日のテストについては，少年が最後に science on Wednesday
（水曜日に理科）と言っているので，**3** が適切です。

No.15

🔊 *A:* Janet, is today's meeting at three?

B: No, it's at four.

A: Good. I have things to do until three.

B: OK, come five minutes before four.

Question **What time will the meeting start?**

A: ジャネット，今日の会議は3時からだっけ？

B: いいえ，4時からよ。

A: よかった。ぼくは3時まですることがあるんだ。

B: わかったわ，4時5分前に来てね。

質問 **会議は何時に始まりますか。**

1 3時です。　　　　　　　　　2 3時55分です。

3 4時です。　　　　　　　　　4 5時です。

✔ 会議の開始時刻について，男性が「3時からだっけ？」と確認して
いますが，女性が No と言って it's at four と訂正しているので，

3が適切です。女性は最後に「5分前には来てね」と言っていますが，会議が始まる時刻は4時です。

No.16

A: Is that a picture of Boston?

B: Yes. Boston is my mother's hometown.

A: So, does your grandmother still live there?

B: Yes, she does.

Question **Who lives in Boston now?**

- -

A: それはボストンの写真？

B: そう。ボストンは母の故郷なの。

A: だったら，あなたのおばあさんはまだ向こうに住んでいるの？

B: うん，そうよ。

質問 **今，ボストンにはだれが住んでいますか。**

1 少年の祖母です。 2 少女です。
3 少女の母です。 **4 少女の祖母です。**

- -

☑ 「まだあなたのおばあさんは向こう（＝ボストン）に住んでいるの？」と聞かれて，少女がYes, she does.と答えているので，**4**が適切です。少女はボストンについて「母の故郷」と言っていますが，今も住んでいるとは言っていません。

No.17

A: Oh, no!

B: What? What's the matter?

A: There is only one egg in here.

B: I made two boiled eggs this morning.

Question **How many eggs did the man cook this morning?**

- -

A: あら，いやだ！

B: 何？　どうしたの？

A: ここに卵が1個しかないわ。

B: ぼくがけさ，ゆで卵を2個作ったよ。

質問 男性はけさ，卵を何個調理しましたか。

1 1個です。　　　　　　　　　　**2 2個です。**

3 3個です。　　　　　　　　　4 4個です。

- -

☑ 男性は I made two boiled eggs と言っているので，調理して使った卵の数は**2**が適切です。今ある卵の数は**1**の One. で，けさ男性が2個使うまであった卵の数が**3**の Three. です。

No.18

🔊 *A:* May I help you, ma'am?

B: Yes. I'm looking for a bicycle.

A: Is it for you?

B: No, it's for my five-year-old son. Tomorrow is his birthday.

Question **Where are they talking?**

- -

A: ご用は何でしょうか，お客様。

B: はい。自転車を探しているんです。

A: ご自分のでしょうか。

B: いいえ，私の5歳の息子のです。明日が彼の誕生日なんです。

質問 彼らはどこで話していますか。

1 誕生日パーティーの会場で。　　　2 衣料品店で。

3 病院で。　　　　　　　　　　　**4 自転車店で。**

- -

☑ 「自転車を探しているんです」と言う女性に，男性がだれのためのものかたずねているので，自転車店での対話と考えられます。

No.19

🔊 *A:* It's me, Dad. It's raining outside.

B: Where are you, Amy?

A: At the station. Can you pick me up?

B: Sure. I'll come soon.

Question **What will the man do now?**

A: お父さん，私よ。外は雨が降っているの。

B: どこにいるの，エイミー？

A: 駅よ。車で迎えに来てもらえる？

B: いいよ。すぐに行くよ。

質問 **男性はこれからどうしますか。**

1 電車に乗ります。　　　　　2 バスを降ります。

3 **車を運転します。**　　　　4 家に帰ります。

☑ 電話で少女が父親に「車で迎えに来て」と頼んでいて，父親は最後に I'll come soon. と言っているので，**3** が適切です。pick 〜 up は「〜を車で迎えに行く」という意味です。

No.20

🔊

A: Are those your new soccer shoes?

B: Yes, I got them for my birthday.

A: The color will catch everyone's eye.

B: Yeah, they're bright.

Question **What are they talking about?**

A: それはあなたの新しいサッカーシューズ？

B: うん，ぼくの誕生日にもらったんだ。

A: 色がみんなの目を引くわね。

B: うん，明るいからね。

質問 **彼らは何について話していますか。**

1 少女の誕生日です。

2 **少年のくつです。**

3 彼らの大好きな色です。

4 少年のサッカーの試合です。

☑ 少年が誕生日にもらったサッカーシューズについて少女が感想を述べているので，**2** が適切です。catch everyone's eye は「みんなの目を引く」という意味です。

合格力チェックテスト　リスニング

177

リスニングテスト第3部 （問題 p.118〜119）

No.21

Frank went to school by bike today. After school he couldn't find the key to his bike, so he had to walk home.

Question **Why did Frank have to go home on foot?**

フランクは今日，自転車で学校に行きました。放課後，彼は自転車のかぎを見つけられなかったので，歩いて帰宅しなければなりませんでした。

質問 **なぜフランクは歩いて帰宅しなければならなかったのですか。**

1 彼は自転車をなくしたからです。
2 彼はかぎをなくしたからです。
3 友だちが彼の自転車を使ったからです。
4 彼は今日自転車を使っていなかったからです。

✓ フランクが自転車で登校したのに，歩いて帰らなければならなかった理由については，he couldn't find the key to his bike と言っているので，**2**が適切です。

WORDS&PHRASES

□ **by 〜**—〜で   □ **have to 〜**—〜しなければならない   □ **on foot**—歩いて

No.22

Emma and her sister play the guitar. Their aunt teaches the guitar every Saturday. So, they go to her house to practice.

Question **Where does Emma practice the guitar?**

エマと彼女の妹［姉］はギターを弾きます。彼女たちのおばが毎週土曜日にギターを教えています。それで，彼女たちは練習をするためにおばの家に行きます。

質問 **エマはどこでギターの練習をしますか。**

1 家で。   2 学校で。
3 おばの家で。   4 妹［姉］の家で。

178

☑ ギターを練習する場所については，最後に they go to her house と言っています。この her は Their aunt のことなので，**3**が適切です。their や they，her などの代名詞が多く出てくるので，だれのことを指しているのかに気をつけて聞きましょう。

📖 **WORDS&PHRASES**
□ **aunt**─おば　　□ **practice**─(〜を)練習する　　□ **at home**─家で

No.23

🔈 Vicky's grandfather gave her 50 dollars for her birthday. So, she bought a book. It was 20 dollars. She also bought a pen for three dollars.

Question **How much was the book?**

- -

ヴィッキーのおじいさんが彼女の誕生日に 50 ドルくれました。それで，彼女は本を買いました。それは 20 ドルでした。彼女はまた，3 ドルでペンも買いました。

質問 **本はいくらでしたか。**

1　50 ドルです。　　　　　　　**2　20 ドルです。**

3　3 ドルです。　　　　　　　4　23 ドルです。

- -

☑ たずねられているのは本の値段です。So, she bought a book. のあとに It was 20 dollars. と言っているので，**2**が適切です。**1**の 50 ドルはヴィッキーがもらった金額，**3**の 3 ドルはペンの値段，**4**の 23 ドルは本とペンの値段の合計なので，どれも不適切です。

📖 **WORDS&PHRASES**
□ **gave**─**give**(〜に…を与える)の過去形　　□ **bought**─**buy**(〜を買う)の過去形

No.24

🔈 Attention, please. All the teachers will go to the school meeting room for a meeting. So, there are no classes or clubs this afternoon.

Question **Where is the woman talking?**

- -

お知らせします。先生方は全員，会議のために学校の会議室に行きます。ですから，今日の午後は授業もクラブもありません。

質問 **女性はどこで話をしていますか。**

1　市役所で。　　　　　　　　**2　学校で。**

3　スポーツジムで。　　　　　4　病院で。

✔ All the teachers や no classes or clubs などから連想される **2** が適切です。Where is the woman talking? はアナウンスがどこで行われているのかをたずねる質問なので，アナウンスをしている場所が想像できるような表現に注意して聞くようにしましょう。

📖 WORDS&PHRASES
☐ **Attention, please.**─お知らせいたします。　　☐ **city hall**─市役所

No.25

🔊 I like playing the violin and practice it every day. Next month, I'll enter a music contest. I want to win the first prize.

Question **What will the girl do next month?**

私はバイオリンを弾くことが好きで，毎日練習しています。来月，音楽コンテストに出ます。私は1等賞を取りたいと思っています。

質問 **少女は来月何をしますか。**

1　音楽学校に入ります。

2　コンテストに参加します。

3　バイオリンの練習をし始めます。

4　新しいバイオリンを買います。

✔ 来月については Next month, I'll enter a music contest. と言っているので，enter を Take part in と言いかえている **2** が適切です。enter をそのまま使っている **1** はまぎらわしいですが，音楽学校に入るとは言っていないので，不適切です。言いかえの表現に気をつけましょう。

📖 WORDS&PHRASES
☐ **enter**─〜に参加する，〜に入る　　☐ **take part in** 〜─〜に参加する

No.26

Last week, I went cycling with my cousins. They have mountain bikes. I only have a child's bike. I'll buy a mountain bike this autumn.

Question **What will the boy buy this autumn?**

先週，ぼくはいとこたちとサイクリングに行きました。彼らはマウンテンバイクを持っています。ぼくは子ども用自転車を持っているだけです。この秋には1台マウンテンバイクを買うつもりです。

質問 **少年はこの秋に何を買いますか。**

1 彼の2台目の自転車です。
2 子ども用の自転車です。
3 彼のいとこの自転車です。
4 サイクリング用ヘルメットです。

✓ この秋に買うものについて，I'll buy a mountain bike this autumn. と言っているので，1が適切です。子ども用の自転車をすでに1台持っているので，次に買うマウンテンバイクを second bike と表しています。

📖 **WORDS&PHRASES**

□ **cousin**—いとこ   □ **autumn**—秋   □ **second**—2番目の

No.27

A new student joined my soccer club two weeks ago. He is very good at soccer. My family and I invited him for dinner tomorrow.

Question **What is the boy talking about?**

2週間前に，新入生がぼくのサッカー部に入部してきました。彼はサッカーがとても上手です。ぼくの家族とぼくは彼を明日の夕食に招待しました。

質問 **少年は何について話していますか。**

1 彼の大好きなスポーツです。
2 彼の新しいサッカーボールです。
3 彼の大好きな夕食です。

4 チームの新メンバーです。

☑ What is ~ talking about? は全体の話題を問う質問です。少年は所属しているサッカー部に新しく入った部員について述べているので，**4**が適切です。

📖 WORDS&PHRASES
□ **join**——～に加わる　　□ **~ ago**——～前に　　□ **be good at ~**——～が上手だ

No.28

🔊 Today, Tommy played in two baseball games, so he's very tired. Tomorrow, he'll do his homework all day and study for a test next week.

Question **Why is Tommy tired today?**

今日，トミーは野球を2つの試合でプレーしたので，とても疲れています。明日，彼は一日中宿題をし，来週のテストに備えて勉強します。

質問 **トミーは今日，なぜ疲れていますか。**
1 彼は一日中宿題をしたからです。
2 彼はテストの勉強をしたからです。
3 彼は野球をしたからです。
4 彼は野球の試合を見たからです。

☑ トミーが疲れている理由については，初めのほうで Tommy played in two baseball games と言っているので，**3**が適切です。

📖 WORDS&PHRASES
□ **tired**——疲れて　　□ **all day**——一日中

No.29

🔊 Jennifer likes animals. Yesterday was her birthday, and her grandpa gave her a rabbit. It's brown and white. She's happy with her new pet.

Question **What happened to Jennifer yesterday?**

ジェニファーは動物が好きです。きのうは彼女の誕生日で，おじいさん
が彼女にうさぎをくれました。それは茶色と白です。彼女は新しいペッ
トをもらって幸せです。

質問 **ジェニファーにきのう何が起こりましたか。**
1 彼女は動物園に行きました。
2 彼女は祖父母を訪ねました。
3 彼女は動物をもらいました。
4 彼女は茶色と白の絵をかきました。

☑ たずねられているのは，きのうのできごとです。Yesterday was
her birthday, and her grandpa gave her a rabbit. と言っていま
す。したがって，**3**が適切です。

📖 WORDS&PHRASES
　□ **drew**—**draw**（〈絵〉をかく）の過去形

No.30

🔊 Ronald has a tennis match on Sunday. Sunday will be sunny, but
the wind may be strong. He doesn't want to play on such a day.
Question **How will the weather be on Sunday?**

ロナルドは日曜日にテニスの試合があります。日曜日は晴れそうですが，
風が強いかもしれません。彼はそんな日に試合をしたくありません。

質問 **日曜日はどんな天気になりますか。**
1 くもりです。　　　　　　　　**2 晴れです。**
3 雨です。　　　　　　　　　　4 雪です。

☑ たずねられているのは日曜日の天気です。Sunday will be sunny
と言っているので，**2**が適切です。

📖 WORDS&PHRASES
　□ **may ～**—～かもしれない　□ **strong**—強い　□ **such**—そのような

合格力チェックテスト　リスニング

英検4級 2021年度 試験日程

第1回検定

[受付期間] 3月25日〜4月15日（個人申込）

[一次試験] 本会場 ──────── 5月30日（日）
準会場 ──────── 5月21日（金）・22日（土）・23日（日）
5月28日（金）・29日（土）・30日（日）
6月12日（土）

第2回検定

[受付期間] 8月1日〜8月27日（個人申込）

[一次試験] 本会場 ──────── 10月10日（日）
準会場 ──────── 10月1日（金）・2日（土）・3日（日）
10月8日（金）・9日（土）・10日（日）
10月23日（土）

第3回検定

[受付期間] 11月1日〜12月10日

[一次試験] 本会場 ──────── 2022年1月23日（日）
準会場 ──────── 1月14日（金）・15日（土）・16日（日）
1月21日（金）・22日（土）・23日（日）
2月5日（土）

- 学校などで団体受験する人は, 日程については担当の先生の指示に従ってください。
- 受付期間や試験日程は, 下記ホームページ等で最新の情報を事前にご確認ください。

公益財団法人 日本英語検定協会 ＞ HP https://www.eiken.or.jp/
電話 03-3266-8311

2021年度 英検4級過去問題集

編集協力	株式会社ファイン・プランニング　株式会社メディアビーコン
	株式会社啓文社, 株式会社シー・レップス, 株式会社ぷれす, 高井慶子
英文校閲	Joseph Tabolt
CD録音	（財）英語教育協議会（ELEC）
ナレーション	Jack Merluzzi, Rachel Walzer, 水月優希
デザイン	小口翔平＋大城ひかり（tobufune）
イラスト	MIWA★, 日江井 香

この本は, 下記のように環境に配慮して製作しました。
＊製版フィルムを使用しないCTP方式で印刷しました。　＊環境に配慮して作られた紙を使用しています。
© Gakken
本書の無断転載・複製・複写（コピー）・翻訳を禁じます。本書を代行業者等の第三者に依頼してスキャンや
デジタル化することは, たとえ個人や家庭内の利用であっても, 著作権法上, 認められておりません。